GOLD KNOWS THE ANSWERS

财富第十波

黄金知道答案

桥王文化◎著

中国财富出版社

图书在版编目（CIP）数据

财富第十波：黄金知道答案 / 桥王文化著 .—北京：中国财富出版社，2018.7

ISBN 978－7－5047－6664－9

Ⅰ.①财…　Ⅱ.①桥…　Ⅲ.①贵金属－投资－基本知识　Ⅳ.①F830.94

中国版本图书馆 CIP 数据核字（2018）第 110275 号

策划编辑 刘　晗　　**责任编辑** 张冬梅　郑晓雯
责任印制 尚立业　　**责任校对** 孙会香　卓闪闪　　**责任发行** 董　倩

出版发行 中国财富出版社
社　　址 北京市丰台区南四环西路 188 号 5 区 20 楼　**邮政编码** 100070
电　　话 010－52227588 转 2048/2028（发行部）　010－52227588 转 321（总编室）
　　　　010－68589540（读者服务部）　010－52227588 转 305（质检部）
网　　址 http://www.cfpress.com.cn
经　　销 新华书店
印　　刷 固安县京平诚乾印刷有限公司
书　　号 ISBN 978－7－5047－6664－9/F·2885
开　　本 880mm×1230mm　1/32　**版　　次** 2018 年 8 月第 1 版
印　　张 9　**印　　次** 2018 年 8 月第 1 次印刷
字　　数 180 千字　**定　　价** 68.00 元

《金典财经书系》编委会

《财富第十波》联合发起人英雄榜

（排名不分先后）

Bonnie
曹觉之
常达飞
陈安平
陈冬枝
陈　嘉
陈丽璇
陈璐华
陈倩君
陈重嘉
杜祥和（Herman Toh）
斐　然
高铭泽
高淑萍
何　淼
何　涛
贺　轩（Lucy）
洪健栓（Sam）
胡春梅
胡诘豪（Terry Hu）
黄　坚
黄向阳
黄扬飞
姬剑晶
纪天磊
江　莉
江明星
蒋聪聪
蒋丽华
焦姝涵
孔　灵
Carrie Li
李菊梅
李敏渲（Angel Lee）
李沁霏
李　晴
李淑铃
李淑梅
李易真
赖芬芬（Surin Lua）
赖国辉（Jeffery Lua）
刘建新
刘　桃
刘中玲
罗永贤
蒙英华
闵玲芳
莫小琴
莫　庸
彭取蓉
彭　月
任　勇
荣春玲
荣榆惠
商　洁
施俊杰
树叶子
宋亚璇
谭玉儿（Bebe Tam）
唐嘉怿
唐忠根
王海童
王　莉
王明宗
王振锡
吴小哲
武九成
鲜易彤
向　华
谢佳霖（Eileen Xie）
徐静薇（Jessica J.）
闫　智
严　玲
严美琴
颜贵富（Steven Ngan Kwai Foo）
颜慧萍（Alice Ngan）
颜　丽
Melissa Yang
杨怡凡
杨　悦
叶峥嵘
异特龙
余　敏
臧　云
张长玉
张慧君
张　奇
张仕文
张新无
赵彩霞
赵春霞
赵飞飞
郑　彤
周　聪
周时节
周新来
朱国萍
朱鹏翰
朱维红
纵横辉煌

序言一

黄金时代　王者归来

黄金时代　王者归来

登高一呼　应者云集

“黄金”这个耀眼的名字，时刻散发着太阳般的光芒与色泽。

它的历史几乎同人类的历史一样古老，在人类的意识中，没有什么东西比黄金更能体现尊贵与神圣，它像一条金色的血脉贯穿了整个人类历史，它超越了种族、地域、文化的束缚，无论文明还是蒙昧，无论富有还是贫穷，人们都对黄金充满圣徒般的迷恋与虔诚。

人类可以放弃对诸神的崇拜，但决不会放弃对黄金的崇拜！

从埃及的金杖到中国三星堆金面罩再到长沙的金缕玉衣，从皇帝的皇冠到王公大臣及平民百姓的金首饰，以及在医药、科技领域的广泛应用，黄金秉承它独有的特性传达着人类对财富与权势的至高追求！

黄金天然是货币。

黄金是集金属性、货币性、金融性为一体的特殊商品，同时，货币的含金量决定了它的使用价值与信用，这种“含金”货币一度在世界的风云变幻中，助力“含金”之国攀上强者之位！

1816 年，英国开启“金本位制”，英镑与黄金挂钩，黄金可以自由开采，自由铸造，自由兑换，开启日不落帝国的辉煌！

1944 年，以美国为首的 44 个国家签订协议，确立了布雷顿森林体系，让美元与黄金挂钩，建立国际货币体系，从此美元变成美金，开启了美国称雄世界的序幕！

然而，1973 年，石油美元横空出世，国际布雷顿森林体系坍塌，美国为独霸世界，控制石油美元，周期性的剪羊毛运动造成周期性全球金融危机，中东、北非、南美等产油区长期动荡不安，并给世界各国人民带来严重的伤害。

是该把石油美元这个恶魔装回潘多拉盒子并永久封存，还世界一片祥和与安宁了！

历史潮流浩浩荡荡，顺之者昌，逆之者亡！

随着中国的再度崛起，作为负责任的大国，中国倡导的人类利益共同体、人类责任共同体、人类命运共同体得到越来越多国家与人民的热烈响应，回归“金本位”也是大势所趋，“人民币黄金”即将耀世而出，人类的希望再次从古老的东方燃起！也许真如古人所言：“要与西风战一场，遍身穿就黄金甲。”

能基于多远的过去就能看到多远的未来！

谁知道答案？

让本书慢慢告诉您！

陈波 资本奇迹同学会会长

2018 年 6 月 28 日

序言二
“我知道我始终会富有”

黄金到底是什么？有什么用处？

在资产中配置黄金，究竟是一个人的偏执，还是一种务实的做法？

你对黄金的认识都是正确的吗？

从早期到战乱到通货膨胀，从 20 世纪 70 年代的石油危机到 21 世纪有史以来最大的金融危机，从 2013 年的黄金暴跌到各类黑天鹅事件的频发，从传统金融到互联网金融……我们每一个人都是市场的亲证者，对于黄金，几乎每个人也都能够说出一套自己的看法，尤其是一些较为资深的投资人。

谈到黄金，很多人都是聚焦在短期价格的涨跌，也有很多人不过是将黄金当作一只股票、一种纯粹的金融商品一般地对待。简单地说，在持有黄金的思维和策略上，黄金不过是众多金融投资的选择之一。

然而事实却是：黄金稀少、珍贵、价值稳定，依旧是我们财富和身份的象征；目前的投资市场，黄金是最为稳健的投资；黄金投资市场是目前最为公正、透明的；黄金能很好地帮助你的资产保值……

但你仅仅知道这些还不够，投资本身就是一种哲学、一种境界，是对交易世界的解释，是一种完善自我的精神修养。通过这个交易的世界，我们直接有效地知道什么是对和错，什么是无效和有效，它指引着我们认识这个世界的本质，做出判断、选择、行动，无形之中重构着我们自身的观念、规则，潜移默化地影响着我们的人生态度和眼界……

所以，这不单单是一本告诉你黄金真相的书，更是一本让你正确认识金融、认识世界的书。这本书的构架是这样的：

立足当今的经济、政治、金融三大宏观角度，深度剖析当今的投资局势，让你从根本上对黄金投资知其然，更知其所以然，从而有一个深刻而正确的认知。

投资智慧洗礼 + 黄金本质解读 + 市场分析判断 + 实际方法操作，从观念到实操，带你走进一个神奇的财富世界。

在这本书中，你能够洞察：

◎ 投资智慧

正如某知名专家曾说，拥有投资哲学并不在于它能对所提出的问题提供任何确定的答案，而是在于这些问题本身，因为这些问题可以扩充我们对于交易中一切可能事物的概念的认知，丰富我们的想象力，避免思维的教条和僵化。

◎ 黄金本质

黄金不是明日黄花，它远比我们想象的重要和可靠得多。

◎ 风险与不确定性

太多的不确定性是我们这个世界危险的来源，我们必须认识到世界充满不确定性。风险未真正到来时，我们永远不知道一件事情会不会发生，因此我们必须努力判断当前局势，认知未来，了解其可能性，但永远不要假设我们已经完全搞清楚了，毕竟黑天鹅给的教训太多了。

◎ 宏观经济与投资

宏观经济是金融市场的大图像、大框架，往往也是风险的主要来源。因此对于未来的着手点我们应该是这样的：一个基于知道的，另一个基于不知道的。但我们又必须认识一个残酷的现实：宏观经济太过复杂、多变，“不知道”是我们的常态，我们能够做的就是努力去知道。

◎ 投资方法

“常制不可以待变化，一涂不可以应万方。”正确的投资姿势应该具备三点：构建一个投资组合，让自己在任何可能出现的场景中都是可行的，在此条件下再投资才是真正的投资理财，而黄金会是这种条件的保证；努力控制风险，最好的投资方法就是先稳健再增值，也就是让风险始终在你能够掌控的范围中，这样你才不至于遭遇糟糕的投资绩效；在宏观上进行把握，在微观上进行了解，不但要努力洞察当今社会经济的发展趋势，更是要了解黄金市场每一种黄金产品及投资渠道的特点，正所谓“两手都要抓，两手都要硬”。

事实上，这里面存在着所有投资者乃至任何头脑清醒的人都应该理解的一个道理，当社会在不断地发展、变革，当我们的财富不断地增加、并足够自由分配，当世界不安的、复杂的因素正在不断发酵、产生，完美的人生应该是这样的：

我们不仅能够看清这个世界的发展本质，也能够在其中有一番作为；

我们不仅能够通过自己的知识、技能以及勤奋诚实的工作不断获取财富，也能够通过自己的智慧和运作，让财富创造财富，进而极大地在物质和精神上丰富我们的人生。

最后，用股神巴菲特的一句话与大家共勉：

“我始终知道我会富有。对此我不曾有一丝一刻的怀疑。”

世界加密资产俱乐部副主席、

金典财经联合创始人

法兰克·卫理

2018 年 6 月 30 日

目录

CONTENTS

序章 | 新经济格局，财富是金色的

聪明的投资者都知道，这个市场不足以让大家平均地生存下来，不管是个人之间还是国家之间都有着深刻的利益纠葛。今天，随着经济格局的演变，货币竞争、债务危机、话语权争夺——这些已经愈演愈烈，也极大地冲击着金融市场的秩序，重塑着游戏新规则。也许我们不会是最好的玩家，但是一定不能是盲目无知的玩家，我们必须从经济、政治、财富三大宏观角度重新认识当今的金融市场。

01 金融秩序的“大洗牌” / 2

02 金融海啸下的“黄金浪” / 9

03 黑天鹅带来的投资警示 / 13

04 贸易战，全球经济不确定性正在加剧 / 19

第一章 | 人类的“拜金”之谜

说到宝藏、财富，往往我们脑中第一浮现的便是金光闪闪的金子，这是封存在我们意识当中关于财富的“历史印记”，也是黄金本身独特魅力的“历史沿革”。我们有幸生在一个崇尚财富、尊重财富、创造财富的时代，而只有真正地认识财富、了解财富，我们才能真正地拥有财富。

01 印花的“纸”和沉甸甸的“钱” / 26

02 惊心动魄的财富“掠夺史” / 32

03 每一次法币系统的重置靠的都是真金白银 / 39
04 黄金仍然是绝佳的财富储存工具 / 48

第二章 | “权杖”的更迭

人类社会风云变幻，财富阵地不断转移，黄金权杖也一再更迭。但不管如何，它牢牢地握在“少数人”的手中，虽然世界货币体系基本定型，全球金融体系的信心完全仰仗美元，货币篮子的出现改变了世界的资产负债形式，但它依然在“少数人”手中，在全球金融体系中发挥着“基石”的作用。

01 美联储的池子到底有多深 / 56
02 央行“操纵”引发的“市场地震” / 64
03 影响黄金走势的八个因素 / 69
04 “东风”“西风”的风水站位 / 73

第三章 | 从不“打烊”的市场

财富在不同的人之间流动，用于交易，才会具有驱动力。而黄金历经千百年，不仅交易从未断绝，时至今日更是形成了相当成熟的黄金市场，且在各个成功的黄金市场中，为黄金交易提供服务的机构和场所各不相同，并随着政治、经济格局的变化，它们之间的地位也存在着相应的变化。

01 “无间道”交易 / 82
02 各路英雄的“角逐战” / 87
03 全球黄金交易市场 / 91
04 中国黄金交易市场 / 97

第四章 | 世界性的投资工具

"一生二，二生三，三生万物"，古代先贤早已为我们道出了这个世界的秘密。黄金也在人类历史上历经了这样从"一"到"三"的过程，各大衍生品和实物黄金一同构成了当今的国际黄金市场，使黄金演变为既是实物投资，也是"符号"投资，成为了一种世界性的理财工具，且每一种黄金产品各有侧重点，各有操作技巧。

01 三大"实物金"投资套路 / 104

02 "纸黄金"的秘密 / 109

03 保证金交易"预约"黄金 / 114

04 黄金股票≠黄金 / 120

05 黄金基金是一种新兴投资 / 123

06 不打无准备之仗 / 128

第五章 | "互联网 + 黄金"新玩法

互联网是21世纪人们无法回避的一个词，它对金融秩序的冲击也是极大的，但带给黄金市场的是机遇与挑战并存。在从事互联网黄金交易时，要摸透互联网金融的运作模式，享受便利的同时注重投资安全。

01 让"马"跑到圈外去 / 138

02 线上"黄金钱包"来势汹汹 / 143

03 从草根晋升为行业新贵的技术背景 / 149

04 互联网黄金盈利模式 / 153

05 便捷安全是核心痛点 / 160

第六章 | 共享经济下黄金帝国的扩张

共享经济是未来的大势所趋，是资源优化组合的结果，它已引发新一轮的行业转型，也许不久的将来会出现“共享黄金体系”，让黄金交易走向一个创新的商业模式。而对我们个人而言，这是让我们的财富如一潭活水般源源不断的最好契机，毕竟，只有让财富流动起来，财富才会变得真正有意义。

01 全球九大共享经济模式之共享金融 / 168
02 “共享黄金”背后的逻辑 / 174
03 区块链：发现“真相”，实现“去中心化” / 178
04 “共享黄金”体系的构建设想 / 185

第七章 | 数字时代数字货币启示录

随着互联网的到来，人类也迎来了新的货币形式——数字货币，于是有人预言人类的财富模式将被改变。真是如此吗？要知道，相比这种新兴货币，黄金的“韧性”已经经历了无数次的考验，它无法被入侵、删除，也无法被病毒感染，因为它是实体的。

01 数字货币崛起，被改变的财富 / 194
02 打破货币体系“三大难” / 201
03 数字货币和黄金的爱恨情仇 / 206

第八章 | 中国调整新常态

“不患寡，而患不均”，世界黄金市场的发展并不是公平的，长期以来，黄金投资仰仗的都是国外市场，但是今天，中国黄金市场的发展已从模仿进入了新的发展阶段，和中国经济一样已形成中国特色，在这样的“新常态”中，中国黄金市场以及个人投资将迎来新的机遇。

01 中国："链接”新业务 / 218
02 黄金生产领域的“供给侧改革”正式启动 / 226
03 政策开放催熟市场 / 231

第九章 | 金属灵魂和不褪色的财富

有人说，交易要具备四大要素才能成功：知识、控制得当的勇气、金钱以及将这三者妥善结合在一起的精力。而这不仅是对我们个人能力的考验，更是对我们人生的考验，它是一种哲学，指引我们追问本质、不断反思、做出选择，进而不断地发展和完善着我们自身。

01 “无息”，然后生生不息 / 240
02 来自“知本家”的财富新模式 / 245
03 人生和黄金一样尊贵 / 249

附录：十波真言

PROLOGUE | 序 章

新经济格局，财富是金色的

聪明的投资者都知道，这个市场不足以让大家平均地生存下来，不管是个人之间还是国家之间都有着深刻的利益纠葛。今天，随着经济格局的演变，货币竞争、债务危机、话语权争夺——这些已经愈演愈烈，也极大地冲击着金融市场的秩序，重塑着游戏新规则。也许我们不会是最好的玩家，但是一定不能是盲目无知的玩家，我们必须从经济、政治、财富三大宏观角度重新认识当今的金融市场。

GOLD KNOWS THE ANSWERS

01

金融秩序的“大洗牌”

天下熙熙皆为利来，天下壤壤皆为利往。

——《史记·货殖列传》

传说乾隆皇帝下江南路过镇江金山寺时，他问当地的高僧：“长江中船只来来往往，这么繁华，一天到底要过多少条船啊？”

高僧回答：“只有两条船。”

“怎么会只有两条船呢？”乾隆很不解。

高僧说：“一条为名，一条为利，整个长江之中来往的无非就是这两条船。”

当前金融市场就是长江，各个国家就是江中熙熙攘攘的船，这些船也在逐名（世界影响力）逐利（国家利益），只是随着船只大小的变化、载重能力的改变，金融市场这条长江正悄然地发生着变革……

金融格局的变迁与各方博弈

20 世纪 70 年代，三次石油危机，引起通货膨胀加剧，演变成一场全球经济危机。

80 年代，债务加重引发债务国经济衰退，演变成一场全球债务危机。

90 年代，货币贬值，演变为一场全球金融危机。

2008 年，美国“价格泡沫”，引发一场全球的次贷危机。

过去的几十年中，陆续爆发的国际金融危机不可避免地改变着第二次世界大战后世界的经济格局：发达国家的经济在金融危机中快速衰退，虽然在逐步复苏，但整体发展趋于缓慢且时有震荡；发展中国家正成为世界经济新兴市场，发展快速且态势平稳。世界经济格局已经开始调整，朝着多极化方向发展。而世界经济格局的变化，正在冲击着当前的国际金融体系。

1. 欧美主导的国际金融话语权正面临挑战

2008 年国际金融危机爆发，对全球经济产生负面影响的同时也深深地伤害了美国的实体经济，美国国内至今还未完全走出此次金融危机的阴影，且随着债务的增加，不可否认二次探底的风险仍然很大。而欧洲，2009 年由于政府的财政赤字带来的债务违约导致希腊债务危机成为导火线，引爆了欧洲债务危机，法国、西班牙、意大利、葡萄牙等欧元区国家也陆续出现了一系列金融风险问题。

相继爆发的欧美金融危机，让发展中国家尤其是新兴经济体[①]对当前的国际金融体系的信心下降到了历史最低点，这让曾经由西方国家主导的国际金融话语权受到挑战，国际金融话语权逐步向新兴经济体转移正成为一种发展趋势。

2. 金砖国金融一体化对美国金融霸权形成冲击

虽然全球经济复苏艰难，欧美债务危机积重难返，但金砖国依然保持了 2 倍于全球的平均增长速度和 4 倍于发达国家的平均增长速度，并对全球经济增长做出了 80% 左右的贡献，全球经济重心正在转移。在此背景下，金砖国为避免在下一轮金融危机中受到货币不稳定的影响，开始迅速推进合作。

2011 年三亚峰会签署的《金砖国家银行合作机制金融合作框架协议》明确提出要稳步扩大本币结算和贷款

①新兴经济体：是指某一国家或地区经济蓬勃发展，成为新兴的经济实体，但目前并没有一个准确的定义。英国《经济学家》将新兴经济体分成两个梯队：第一梯队为中国、巴西、印度、俄罗斯、南非，也称“金砖国家”；第二梯队包括墨西哥、韩国、菲律宾、土耳其、印度尼西亚、埃及等“新钻”国家。

业务规模，加强重要项目投融资合作，开展资本市场合作和信息交流；2012 年提出设立金砖国家新开发银行（金砖银行），让金砖国之间的贸易和投资更加地便利，英国《金融时报》对这一设想评价称：金砖国家开发银行将成为 1991 年欧洲复兴开发银行成立以来设立的第一个重要多边贷款机构；2015 年金砖国家新开发银行开业。

从全球范围来看，随着金砖国国际经济、政治影响力的不断提升，这种新型合作模式会较大地冲击美国的金融霸权地位。如果美国不加速国际金融机构的改革，势必促成金砖国金融一体化进程的进一步加速，金砖国对现行的国际金融秩序的“离心效应”也会越来越大，美国全球金融霸权的合理性也将受到更多的质疑和冲击。

3. 东亚国家金融合作正成为国际货币竞争新范式

金融危机后，国际金融市场汇率风险加大，美元走势不明朗，在此情况下，催生了东亚地区进行合作的愿望。

早在 1997 年，日本就在亚洲—欧洲峰会上提出“宫泽构想”，设想由中国、日本、韩国等以及东盟各国集资 1000 亿美元设立亚洲货币基金，但是遭到众多国家反对而夭折。

1999 年召开的东盟 10+3 峰会发布了涉及该地区众多合作领域的《东亚合作联合声明》。2000 年，东盟成员国在泰国清迈签署了加强该地区金融合作为目的的《清迈协议》。这标志着东亚金融合作的正式开始。

《清迈协议》中，东南亚货币互换安排是主要内容，它包含了东盟所有的成员国，涉及金额达10亿美元，于2000年11月7日正式生效，随后日本、中国、印度尼西亚、马来西亚等众多国家达成双边货币互换协议，结束了双方之间长期依靠美元计算汇率的历史，使美元在双边结算中所占的比例下降，在相互为各国货币提供流动性支持的同时，大大地降低了筹资成本和汇率波动的风险。

东亚地区的合作与发展对世界经济格局有着非常重要的影响，该地区是当今世界经济增长和贸易往来最为活跃的地区，东亚国家之间的这种金融合作关系，极大地冲击着美元在该地区国际结算中的主导地位，在当前世界没有出现超主权货币的背景下发挥了区域共同货币的职能，正逐渐成为一种新型的国际货币竞争新范式。可以预见，未来一段时期，这种新范式将进一步深化发展，并将可能引发一场国际货币主导权的大变革。

4. 国际金融机构中不同经济体的博弈愈演愈烈

世界银行和国际货币基金会是两大传统国际金融机构，其投票规则是第二次世界大战后布雷顿森林体系的遗留物，已经完全不符合当今国际经济政治格局的现实要求。作为世界新兴经济体的代表，金砖国及其他发展中国家纷纷要求增加新兴市场国家和发展中国家在世界银行和国际货币基金组织（IMF）的代表性和发言权，希望改变美国通过一票否决权来操纵国际金融机构的现实。

确实，如果这些规则不从根本上进行改革，就无法从根本上防范和制止美国对国际经济组织继续发号施令，甚至利用国际经济组织压制其他国家并向全世界转嫁金融危机的现象。哪里有不平等，哪里就会有反抗。可以说，未来很长一段时间内，随着世界经济格局的多极化发展，这两大机构内部的投票权博弈会愈演愈烈。

金融格局建立在经济格局之上，世界经济格局已然开始调整，国际金融秩序大洗牌已经开始，并正在进行当中。

重建主要储备货币

欧洲金融家米卫凌在《大洗牌：全球金融秩序最后角力》中说道："在 2020 年之前，全球金融体系将面临大洗牌，它需要重新启动并进入新模式。在这种模式下，黄金将发挥更为重要的作用，美元则将失去作为唯一储备货币的地位，像中国这样的国家则会变得更加强大。"

建立新的金融秩序，应对新的经济形式，设立新的主要储备货币体系是非常重要的一环。目前针对这一趋势，最主要的金融工具是以国际主要货币为基础的新的储备货币。

1969 年，国际货币基金组织推出特别提款权，它是根据国际货币基金组织会员国认缴的份额分配的，可用于偿还国际货币基金组织债务、弥补会员国政府之间国际收支逆差的一种账面资产，最初发行时每一单位等于 0.888

克黄金，与当时的美元等值。

特别提款权，是一种补充性的国际储备资产，旨在补充黄金及可自由兑换货币以保持外汇市场的稳定。

1973 年，布雷顿森林体系崩溃后，特别提款权被重新定义为国际货币，在 20 世纪 80 年代形成了包含美元、英镑、欧元、日元四种货币的格局。但是随着新兴经济体的不断崛起，要将特别提款权进行延伸的呼声越来越大，希望包括几种 R 货币（英文名以 R 开头的货币）：中国人民币（RMB）、印度卢比（Rupee）、巴西雷亚尔（Real）、南非兰特（Rand）与俄罗斯卢布（Rouble）等，也许还包括黄金，其中人民币已经于 2015 年正式被纳入。

美元储备货币的中心地位越来越受到挑战，人民币的重要性会更加凸显，但是，在当今国际金融周期性和主权性陷阱中，目前除了黄金，也没有其他的货币能够充当可靠的角色。

黄金通过与美元逆向发展，能够提高特别提款权的稳定性，尤其是如果美元与欧元面临的危险持续恶化，就急需具有因黄金含量与 R 货币得到保障的大量的特别提款权。而人民币虽然作用正在凸显，但目前的发展还不到具有储备货币的地位，黄金便仍有可能回归到货币体系的中心。加之黄金本身就是货币，具备稀缺性，黄金交易有着悠久的发展历史，不是个人和国家所能操纵的，可以说，在金融秩序大洗牌的下一个阶段，黄金会发挥越来越重要的作用。

02

金融海啸下的“黄金浪”

用虚谎的舌头得来的财宝，是吹来吹去的浮云，死亡之网罗。

——《圣经·箴言》

当今社会似乎都存在着这样一种共识：越有能力的人，越是想着如何通过借钱，用别人的钱来实现自己的财富梦想。

也许站在国家层面上看，最有能力的是美国，而美国也确实借到了全世界的钱，很多国家也在效仿着美国靠借钱来发家致富。

只是当人人都想着靠借钱发家致富时，人人也将都处在一张巨大的债务关系链中，营造着一个“梦幻财富”，一旦其中有一个人违约或丧失偿还能力，债务关系链必将断裂，随之而来的就是“梦幻财富”的破灭。

我们正生活在有史以来最大的债务泡沫之中

2008 年金融危机之后，为了刺激本国的经济增长，政府带头大举借钱、花钱，并将利率降到最低，鼓励大家借钱、花钱，试图把经济搞上去。

也许能像经济学家告诉我们的那样，信贷增长和货币供给会导致投资和消费的迅速增长，然而也给我们带来了一个沉重的负担——债务危机。

根据国际货币基金组织提供的数据，全球债务总额已经上升至一个惊人的水平——共计 152 万亿美元。

如果把这 152 万亿美元的债务分摊到全球每一个人的头上（包括成年男性、女性及所有孩子），以全球 70 亿人口计算，人均分担的债务额为 2.1714 万美元。这已经令人瞠目结舌了，而另两个数字则可谓让人感觉恐怖：全球还有超过 30 亿的人口每天生活在 2 美元或者更低的生活水平，也就是说，事实上全球一半地区的人口基本没有能力来承担这样巨额的债务。

当然，全球债务的偿还事实上绝对不可能被分配到个人头上，之所以讲这些数字，是为了告诉大家一个真相：我们生活在有史以来最大的债务泡沫之中。

此前，面对债务泡沫，量化宽松与“债务货币化”是大部分发达国家应对的主要对策，也就是说这些国家在通过多印钱以偿付其债务。而多印钱则意味着货币贬值，货币贬值则意味着资产的贬值缩水。当债务不断攀升时，加之一些发达国家财政赤字恶化，其偿债能力也不得不引起人们的质疑。

另外企业和政府不一样，企业不能印钞，还不上钱就是违约，在负债沉重的情况下，企业根本没有钱拿去做实体投资，全都用来借新还旧、回购公司股票了（这就是经济明明这么低迷，股市却热火朝天的原因），资本市场的泡沫便这样形成了。所以，在股市，很多时候你以为你是在买股票，其实不过是在购买那些公司的“债务”，而一旦这些公司破产，你的资产也就跟着破产了。

因此，有专家做出这样的“警告”：随着债务和资产市场的崩溃，银行和金融体系不太可能以目前的形式存活下去，将会出现重大违约，存款人的资产可能全部消失或变得一文不值。托管风险也非常严重，这意味着任何客户资产，如股票或债券都可能消失。黄金和白银不仅会像历史上那样拥有不可撼动的购买力，而且还会大幅升值。

也许你会觉得有点危言耸听，但是不可否认，全球经济正处于转折点，除了多极化、多元化发展，其低增长、高负债的风险依然存在。在未来全球债务危机不确定的情况下，选择购买黄金是很有必要的。

黄金永远是那个黄金

在人类历史上，黄金虽然与名山大川一样历史悠久，但是其价值和魅力并未随着时代的久远而“香消玉殒”，到今天，很多经济指标还是会用到黄金坐标，当然美元也经常用作坐标，只是美元真正有“内在价值”的是在20世纪70年代，因为那时候美元与黄金是挂钩的。但是当美元与黄金脱钩后，其价值不过是存在大家脑中的“政府信用”，一旦信用崩盘，美元不过是一堆废纸。

由于金融危机、债务偿还等原因，美元流通持续增长，美元贬值，购买力下降，这并非只有美国一个国家，每一个政府也都在不断地削弱他们主权货币的内在价值，整个世界都在走这条主权货币“悲剧路线”。而不管是个人还是企业越多地依赖主权货币，当所依赖的主权货币被迫退出时代时，他们遭受的打击就越大。

然而，黄金永远是那个黄金，它所代表的价值以及财富是独一无二的，不会随着债务危机而贬值，并且可以独自直接地影响世界经济。目前世界上没有能替代黄金职能的东西。正因为如此，你的政府、你的女友，甚至老妈才更喜欢它。

03

黑天鹅带来的投资警示

耕种自己的田地的，必得食饱。追随虚浮的，却是无知。

——《圣经·箴言》

当今国际经济局势的变革和不稳定，加之浮躁、跟风之气，很多人对金融市场存在着不理性的认知，做出盲目冲动的投资行为，这是非常糟糕的。

那么，好的投资方法是什么？稳健，它好过时好时坏。我们可以有时好，有时一般，但是永远不要太糟糕，持续这样 10 年、20 年、30 年……我们便可以把这样的业绩称为成功。

金融市场“黑天鹅”已经成群起飞

17 世纪之前，欧洲人都认为天鹅是白色的，但是随着第一只黑天鹅的出现，这个不可动摇的信念崩溃。今天“黑天鹅”已经成为一个具有特别寓意的名词，它寄寓着不可预测的重大稀有事件，这个事件在意料之外，却又改变着一切。

随着国际经济格局的动荡和演变，金融市场中黑天鹅事件频发，而且都是无法预测的。

20 世纪 90 年代，亚洲金融危机，谁也没有想到这一次的黑天鹅事件从泰国泰铢贬值开始。这只黑天鹅使得大部分东亚货币贬值 38%、国际股市暴跌 60%、多国社会秩序陷入混乱，甚至政权更迭。

21 世纪初，互联网泡沫破裂。互联网相关企业兴起于 20 世纪 90 年代，当时投资者们对互联网企业青睐有加，正在积极地烧钱圈地，但是谁也没有想到在步入新世纪初会遭遇滑铁卢。2000 年 3 月 10 日，戴尔、思科等领头企业的股票突然出现了大量卖单，引起了投资者的恐慌。随后仅仅几周之内，股市跌去了 10% 的市值。这些数亿美元市值的公司在几个月内变得毫无价值。到了 2001 年年底，大部分互联网企业纷纷倒闭，数万亿美元的投资全都打了水漂。

2001 年，“9・11”事件发生，举世震惊。美国股市休市了 4 个工作日，而恢复当天道琼斯工业指数下跌 7.1%，仅仅 5 个交易日，股市缩水 1.4 万亿美元。全球股市也受到了重创，“9 · 11”事件后一周，各国股市指数出现不同程度的下跌，这次的袭击造成的直接损失达 1780 亿美元，间接损失更是无法估计。

2008 年金融危机，仅过了 1 个月的时间全球股市市场缩水 10 万亿美元，美国次贷危机最终演变成了全球金融危机，并影响至今。

2015 年中国股灾，在上半年如火如荼的股市，突然在 6 月开始大幅下跌，仅一个月时间就跌去了 1/3 的市值。虽然政府竭力救市，但还是没有阻止下跌的趋势，在 8 月 24 日，A 股跌幅达 8.48%，被称作“黑色星期一”。

2016 年，基于提高全球竞争力、摆脱欧债危机的拖累和欧盟规章的掣肘等考量，英国脱欧。然而，这使英国的国际地位和影响力大打折扣，全球市场对此并不乐观，英镑应声大跌，兑美元汇率跌幅超过 11%，而黄金在避险情绪的推动下暴涨 100 美元以上。

2017 年，世界依旧风云变幻，特朗普坚持“美国优先”，高举贸易保护大旗；欧洲多国大选掀起民粹主义风潮，传统地缘政治难题悬而未决……

全球金融市场并不太平！那么是不是我们的眼前就一片黑暗了？并非如此。我们还需要看到另外一面：稳步上涨的资产和不断减少的波动性已成为常态，全球经济依然在增长，各资产类别的乐观情绪普遍存在。

未来投资需要考虑的六要素

1. 信用资产涨势降温

美银美林 2017 年 12 月公布的债券投资者调查报告指出：泡沫是信用资产类别面临的最大风险，其次是通胀上升和收益率上升风险，资金流动情况在一定程度上体现了这种不安。

彭博 2017 年 12 月数据显示，投资者 14 个月来首次从信贷基金抽取资金。

不可否认，当今大量的风险会威胁到投资者的收益，特别是随着全球债务的攀升，美联储在收缩资产负债表，欧洲央行在放慢资产购买步伐，通胀水平极有可能要迎来上涨，信用资产的涨势将会降温。

2. 对冲通胀

温和的通胀是各国央行乐意见到的情况，这表示经济在发展。历史上，黄金和美国国债一直是最受欢迎的通胀对冲。然而很不幸，10 年期美国国债的收益率在英国公投脱欧后已跌至历史最低点，并继续着严重的低迷状态。

3. 市场波动性

2017 年相对来说是非常稳定的一年，投资者几乎不受市场波动的影响。但是这并不代表就可以高枕无忧，根据相关机构预测，市场超过 2 万亿美元资产依赖市场稳定来产生回报，如果波动回归，那么全球股票和债券市场将面临损失巨大的风险。

4. 负利率

当一个国家实行负利率的时候，存在银行中的钱不但不会增加反而会减少。

5. 大选风险

大选往往在一国的法币、股票、大宗商品、政府政策上产生影响，特别是在世界金融市场具有发言权的发达国家及新兴经济体国家的大选，比如美国，历次大选都会对全球经济造成不可忽视的影响。

根据巴克莱发展中国家地方债券指数看，大选概率都超过了 50%。虽然俄罗斯等国家的选举结果是可预测的，但是对巴西和墨西哥，候选者激烈的竞争已经成为可能。

另外，2018 年美联储引来两张新面孔，“三巨头”（主席、副主席和纽约联储主席）将会完全不同于耶伦，或将更为鹰派[1]……

---

①鹰派：War Hawk，一个广泛用于政治上的名词，用以形容主张采取强势外交手段或积极军事扩张的人士、团体或势力。另一解释为以强硬态度或手段维护国家民族利益的个人、团体或势力。鹰派的反义词为“鸽派”。

6. 分散投资

股票上行有限、美元指数可能已达到了高点、垃圾债券涌现……金融市场存在着一定的泡沫，我们必须懂得将鸡蛋放入不同的篮子里，以免一篮子打翻所有鸡蛋。

而这以上六要素冥冥之中似乎也都在将我们引向黄金：除了信用资产，黄金是目前最值得信赖的资产形式；黄金是对冲通胀的“历史性武器”；金价整体趋势为稳步上扬，黄金市场的波动性相对较小；黄金利于分散投资风险……因此，未来投资黄金将是非常不错的选择。加之黄金一直被视为稳健的投资方式，风险性较小，它定然能够帮助我们很好地巩固好资产的“根本”。

总之，这个世界没有我们想象得那么好，但也没有我们想象得那般糟，稳扎稳打，做好自己便可。

04

贸易战，全球经济不确定性正在加剧

人之所畏，不可不畏。

——《道德经·第二十章》

2018 年注定是不平凡的一年：

中美围绕“301”调查的贸易冲突加剧，引发全球股市新一轮下跌；

中国原油期货市场上市，人民币计价石油期货出现；

特朗普 4 月撕毁“伊朗核协议”，原油价格上涨冲击全球股市；

非农数据过后，美联储加息的概率骤降，无疑令美元雪上加霜。

随着地缘政治担忧再度出现，及贸易战将可能带来的全球经济增长放缓，黄金将迎来新一轮的避险情绪。

大宗商品贸易对黄金的影响

黄金作为一种特色的商品，其价格的变化与大宗商品有着十分密切的关系，尤其是与石油、基本金属等相关性较高。

当大宗商品价格快速上涨时，通货膨胀的压力便会迅速放大，投资者出于规避通货膨胀风险的需求，会在自身资产组合中增加黄金的比重，这种避险需求便会拉动金价上涨；反之，大宗商品价格下跌，通货膨胀压力缩小，那么出于通货膨胀避险而进行黄金投资的行为则会减少，会在一定程度上抑制金价。简而言之，金价走势与大宗商品走势基本呈正相关。

但是，这也不是绝对的。由于黄金所具有的金融属性，有时也会表现出与大宗商品不同的价格走势。比如，金融危机引起大宗商品价格快速跌落，但同时也导致货币体系动荡，美元持续贬值，这时黄金的保值功能便会凸显，依然能够刺激黄金的需求，使金价持续上涨。

所以，虽然黄金与大宗商品都以信用货币计价，在定价机制上有一定内在联系，价格走势也一定相关，但是黄金兼具的金融属性，使其价格波动的节奏和幅度与其他大宗商品存在明显的差异。

同时，不少顶级的大宗商品交易商都发现，一种新趋势正主导着商品市场。如今，金属交易显然比原油交易更能赚钱，规模也不断扩大，有数据统计显示，2017年投行在金属交易方面的收入为2014年以来首次超过了石油交易。

中国原油期货市场上市挑战美元刺激黄金需求

2018年的一个大事件是以人民币计价的原油期货正式在上海期货交易所子公司上海能源交易所挂牌交易，并在前三个交易日总计交易了151804手，交易量650亿元。更有最新消息称，中国将可能从俄罗斯进口石油用人民币结算。

事实上，市场对人民币计价原油期货的讨论早就一直存在，尤其是配合人民币计价的黄金期货，被认为是人民币走向世界的开始。而其对美元来说无疑是一个挑战。

中国作为基建大国，制造业的大宗商品进口一直在增加，如果将来不断出现大宗商品以人民币计价的期货合约，不管是对国内还是对国外的投资者来说，美元都将进一步受到影响，而这些以美元计价的大宗商品价格将走高。

虽然这个挑战只是刚刚开始，还不足以撼动美元的霸主地位，但将会慢慢在亚洲削弱美元的影响力。亚洲国家包括伊朗、卡塔尔等国，在人民币计价的原油期货合约下，会收取人民币出售原油，再将人民币换成黄金，也就是说，这些国家都可能用人民币来换取实物黄金，这意味着实物黄金的需求增加，而美元霸权的结束也将开始。

而美元为了维护自身的地位，必须要保持美元坚挺，这就要求美国保持贸易顺差。但是众所周知，中美贸易中美国一直处于贸易逆差，为了扭转这种局面，贸易战便不可避免了。

贸易战，国际贸易格局重新洗牌

2018 年伊始，特朗普有意征收钢铁和铝高额关税，打响了中美又一轮的贸易战，并且反对特朗普关税计划的经济顾问科恩意外辞职，加大了市场对贸易战升级可能性的担忧。受其影响，全球股市下跌，美指下跌，投资者也一直在抛售美元。

作为全球最大的两个经济体，其所产生纷争的影响无疑也是最大的，如果贸易战继续扩大，则很可能两败俱伤，不利于经济全球化及经济增长，对资产市场的冲击也可能会继续。贸易战大幅增加了全球宏观经济、金融市场的不确定性。未来市场方向很大程度上取决于中美双方如何处理贸易问题，也正是这种不确定性，导致了大家避险情绪的高涨，即贸易战导致避险情绪升温。黄金作为最传统的避险工具将受到资金青睐，推动着新一轮的金价上涨。同时贸易战可能导致美联储加息放缓，也有利于黄金。

其实，各国之间的贸易战对我们大家来说其实早已屡见不鲜，虽然全球都在号召贸易自由，但是只要世界还是由国家为主体存在的，贸易战就像企业之间的竞争一样也是必然会存在的，因为这涉及一个主体利益的问题。

贸易战也可以理解为是对国际贸易格局重新洗牌的一个过程。以 2018 年年初这次中美的贸易战为例，本质上是中美两国对原有国际贸易关系的一种维持和重构的过程，是第二次世界大战后全球格局再平衡的过程，这个过程会贯穿很长时间，在这期间，政治、经济、金融、贸易、军事各个环节会环环博弈，也让全球经济不确定性不断加剧。

所以，不管出于避险还是保值，黄金都会是很好的选择。

黄金笔记

任何事物的发展都有其根本规律，只是我们一旦立足研究其中的规律，会发现其复杂性和可控性往往超出我们的理解能力和范围。思辨地说，复杂难以规律化，本身就是一条根本规律。这一章的阐述，笔者也只是想帮助你认清当前世界的政治、经济、金融大环境，不同的人对此的阅读所得必然也是不同的。

那么，这一章的大环境分析——

哪一点让你“震撼”？

哪一些是你所不知道的“真相”？

对你最大的启示是什么？

CHAPTER 1 | 第一章

人类的“拜金”之谜

说到宝藏、财富，往往我们脑中第一浮现的便是金光闪闪的金子，这是封存在我们意识当中关于财富的“历史印记”，也是黄金本身独特魅力的“历史沿革”。我们有幸生在一个崇尚财富、尊重财富、创造财富的时代，而只有真正地认识财富、了解财富，我们才能真正地拥有财富。

GOLD KNOWS THE ANSWERS

01
印花的“纸”和沉甸甸的“钱”

> 金钱不会听命于配不上它的大脑。
>
> ——俄裔美国作家　艾因·兰德

如果你的面前有一吨铁和一吨黄金，你会选择哪个？

肯定选择一吨黄金（谁都不傻）！

如果你面前是一吨面额100元的人民币和一吨黄金，你会选择哪个？

不少人可能会犹豫了，虽然黄金稀有，但是架不住人民币轻啊，一吨人民币得有多少张啊！

这里可以给你确切的答案：

每张刚出库的100元人民币重量约是1.15克，一斤大概有435张，一吨2000斤，那么一吨人民币就是

434.7826×2000×100=86956520 元，也就是 8 千多万元。

2017 年 10 月前，金价大约 274.4 元 / 克，1 吨 =1000 千克 =1000000 克，一吨黄金 =274400000 元，也就是 27440 万元。

果然黄金值钱。

所以，我们对货币和财富的理解应该不为表象所迷，深入其本质，站上最高峰，我们才能看透其中的风景，从而不耽、不迷、不妄。

货币天然不是金银，但金银天然就是货币

人类在以物易物的时代，黄金只是作为一种金属或一种普通的商品，那时人们的交换媒介是贝壳，也就是说古人可能会拿着一枚贝壳来买你一块黄金，所以，“货币天然不是金银”。

但是真金不怕火炼，黄金具有稀少、耐腐蚀、耐高温、易分割、不生锈等属性，更易充当价值尺度、交换媒介和保值手段等，于是逐渐地被当作货币使用。这是一个市场自然选择的结果。所以，“金银天然是货币”。

随着人类经济社会的发展，人们又发现黄金沉重，越来越不能满足流通的需求，于是在政府的干涉下，有了纸币，纸币代表的是政府的信用，只有政府才有铸币权，同时也以黄金储备为其担保。

金本位制 vs 纸币本位制

政府的信用未必绝对可靠，而黄金稀缺，永远不会贬值，所以具备绝对可靠性。在国与国之间经济往来时，货币的信用要以黄金的储备来担保，货币量要与黄金的储备量一致，纸币只是黄金的“标志”，实际上只是一种银行券，可以用来和黄金直接交换的代用品，却不是现代意义上的信用纸币。

故而，有人调侃“纸币是有价值的，因为纸币的背后不仅有黄金，还有枪！”

其实，这就是“金本位”。但是“金本位制”这个概念 19 世纪才被明确提出：

金本位制就是以黄金为本位币[①]的货币制度。在金本位制下，每单位的货币价值等同于若干重量的黄金（即货币含金量）；当不同国家使用金本位时，国家之间的汇率由它们各自货币的含金量之比——金平价来决定。

第一次世界大战前，国际货币体系是典型的金本位货币体系，大约从 19 世纪 80 年代一直延续至 20 世纪初期，在英国、美国、德国、荷兰以及一些北欧国家间通行了约 100 年。

那时资本主义各国间的货币储备是黄金，国际间的结

①本位币：也称主币，是一个国家的基本通货和法定的计价结算货币。

算也使用黄金，并可在各国之间自由转移；金币可以自由铸造，任何人都可按本位币的含金量将金块交给国家造币厂铸成金币，这是金本位制最主要的特点和条件。金本位制也保证了当时外汇行市的相对稳定与国际金融市场的统一。

但是，随着资本主义经济的发展，黄金产量的增长幅度远远低于商品生产增长的幅度，黄金不能满足日益扩大的商品流通需要，这就极大地削弱了金币流通的基础，且黄金存量在各国间的分配越来越不平衡。1913 年，美、英、德、法、俄五国就占有了世界 2/3 的黄金存量。这种分配不均的状况，必然导致金币的自由铸造和自由流通受到破坏，维持金币本位制的一些必要条件逐渐遭到瓦解，直到第一次世界大战，黄金被参战国集中用于购买军火，并停止了自由输出和银行兑现，最终导致金本位制的崩溃。

在此情况下，为了解决经济发展中货币数量不足的问题，作为扩充货币数量、发行廉价货币的纸币本位制便理所当然地成为新时代的宠儿。

纸币本位制，在流通中执行货币职能的是纸币和银行存款，各国货币规定的含金量仅是名义的，不能按此单位兑换黄金，黄金不再是一国货币发行的准备。

在纸币本位制度下，货币供应量不再由金属储存量决定，而是由一国政府依据自身经济发展或其他因素判断而制定的货币政策。也就是说，人类货币进入信用货币时代后，货币的发行完全由政府来掌握，由国家通过国家的信用来保证，政府可以很简单地通过货币的发行权来扩大货币发行量，解决经济发展中的许多问题。但是纸币本位制也因其自身难以克服的缺陷，困扰着一国经济的健康发展，困扰着全球经济的健康发展（关于这一点后面的内容会做详细阐述）。

从以物易物到金银充当货币，从金本位铸造金币银币再到纸币本位纸币“独立”发行、应用，这是一个随着经济发展的货币发展过程，也是黄金和纸币之间争夺货币“上位权”的演变过程。

纸币与黄金的“同”与“不同”

虽然，今天纸币“上位”成功，世界各国已经不再使用金币，纸币也不能兑换黄金，纸币法定的含金量已经没有意义，似乎纸币和黄金已经没有关系了，但是这样的表象并不能完全反映其本质。

货币的本质是一般等价物，能和一切商品进行交换，而纸币是国家发行的，强制使用的货币符号，是代替货币执行流通和支付职能的；货币本身是商品，有价值，而纸币不过是货币符号，不是商品，没有价值，不能代替货币执行价值尺度和储藏手段的职能，也不能完全充当世界货币。

而黄金天然是货币，具备一切货币的本质特性，曾经它和纸币一样执行着货币的支付、流通职能，且拥有纸币所没有的价值尺度和储藏职能，更是完全充当过世界货币；只是，如今黄金不再流通、支付，但是其作为价值尺度和储藏手段的职能依旧没有消失，且永远不会消失。

所以，我们从来不会问自己口袋的人民币或美元到底值几克黄金！

但是我们会估计自己戴的黄金戒指、黄金手镯值多少人民币或美元！

我们财富的本质不在于那些印花的钱，而在于沉甸甸的金银。

02

惊心动魄的财富“掠夺史”

黄金是全部文明生活的灵魂，它既可以将一切结为它自己，又可以将自己转化为一切。

——英国作家　塞·巴特勒

在中国一直都流传着“男儿膝下有黄金”“书中自有黄金屋”“一寸光阴一寸金”“乱世藏黄金”等关于黄金的名言警句。

在古埃及人的眼中，黄金是“可以触摸的太阳”，是太阳神的象征。

法兰克国王的加冕之日，“黄金之剑”是必不可少之物。

公元前5世纪，古希腊抒情诗人品达说：“黄金是宙斯之子，蛀虫与铁锈都无法侵蚀之，但人的灵魂却被这至高无上的财富所侵蚀。”

公元 19 世纪，英国艺术评论家罗斯金发出这样的质问：“是人类掌控了黄金，还是黄金掌控了人类的灵魂？”

……

虽然从实用角度上看，黄金对人类文明的影响还不如铜、铁、铝等金属，但自古以来黄金就吸引着人们狂热地追逐，并由此引发了无数的争斗、杀戮、战争和掠夺。从这个角度上看，它对人类文明的影响又是极其深远的。

自古立国靠黄金

因黄金的珍贵与重要，无论中外的历代统治者都非常重视黄金，都有自己的金库，并以此把控着国家经济命脉，而每逢乱世，金库往往也是他们用来最后一搏的家底。

比如，在政教一体的古罗马城邦时代，古罗马共和国的国家金库就是被称为古罗马时期“最伟大的宗教庙宇”的朱庇特神庙。它虽是一个宗教中心，但还发挥着中央结算银行的作用，整个意大利的货币信用体系都是建立在大神庙的黄金储备上的。当时罗马对各邦并没有直接控制权，但是通过神庙的黄金，控制了整个意大利的经济命脉，从而使得自己总能把控那些总体实力比自己强的意大利各盟邦。

古罗马共和国末期，同盟决裂，其中势力最强的庞贝被恺撒打败。在逃离罗马前，庞贝不顾禁令，想带走大量的黄金作为军费，用来最后一搏。但是这一做法惹怒了大量的商人与官员，他们纷纷倒向恺撒，让庞贝最终败亡。而恺撒统一罗马后，立马以罗马金库中那些攒了数百年的黄金作为抵押，建立了以罗马为中心的罗马帝国货币结算体系，这个货币体系一直维持到罗马帝国分裂及蛮族入侵。

古代中国虽然不像西方那样频繁因黄金争夺而引发战争，但是历代统治者对于黄金储备同样重视，更是牢牢地把控着黄金的“所有权”。

早在公元前 11 世纪，周朝就专门设立了大府、玉府、内府、外府等专司府库之职，专门负责管理各种财务的出纳，这便是中国最早的国库雏形。之后历朝历代都有专门管理国库的官职和人员。而且古代的中国也是“多金”的，要不然就不会出现金子可以论斤赏赐，皇帝一高兴，动不动就打赏百斤甚至万斤黄金。

而这个多金除了金矿的开采所得，还有丝绸之路和对外贸易的功劳。长期以来中国的金银也来自于茶叶、药材、瓷器、丝绸等高利润贸易，大量的贸易顺差，特别是航海时代中国获得了大量欧洲人从美洲获取的白银，中国一度成为世界银储备最高的国家。

欧洲贪婪的黄金梦

历史进入大航海时代，发生一次惊天大逆转，人类首次“全球互通”，但也迎来了最大规模的一次财富掠夺风潮。

由于东方“多金”，风行一时的《马可·波罗游记》夸张地将东方各国描绘成黄金遍地、珠宝成山的财富乐园，欧洲商人闻之欢欣鼓舞，萌发了到东方寻求黄金的强烈愿望。

所以恩格斯说：“黄金一词是驱使西班牙人横渡大西洋到美洲去的咒语；黄金是白人刚踏上一个新发现的海岸时所要的第一件东西。”

西方殖民者赤裸裸地掠夺黄金的恶行数不胜数，其中最有名的一个事件是“金屋子”。

1532 年，西班牙殖民者皮萨罗率队占领了印加北部重镇卡萨马尔卡，在卡萨马尔卡与印加皇帝阿达瓦尔帕会晤时突然袭击了这个年仅二十多岁的皇帝，并提出了巨额赎金要求：金子填满长 7 米、宽 5 米、高 3 米的房间，还要用银子填满囚室旁的两个小屋。但是当印加人夜以继日地从四面八方将黄金送往卡萨马尔卡，交完赎金后，西班牙人却在广场搭起绞架，给阿达瓦尔帕蒙上毛骨悚然的面具将其绞死。

开辟新航路和随之而来的殖民掠夺，西方殖民者更是肆无忌惮地抢占资源，掠夺黄金白银。而对中国的策略，最直接的便是无耻的鸦片贸易和各类不平等条约。这也是导致中国由多金变成贫金的一个重要原因。

这次的掠夺风潮，对世界各国的历史产生了深远的影响。亚洲、非洲和美洲许多国家，从此逐渐沦为殖民地或半殖民地。而在欧洲却引起了商业革命和价格革命。

从殖民地掠夺和开采的大量贵金属流入欧洲，16 世纪，欧洲的黄金从 55 万千克猛增至 119 多万千克，白银从 700 万千克猛增至 2140 万千克，其中西班牙得到的金银最多。金银的大量入流，引起了物价飞涨，西班牙平均上涨 4.5 倍，粮价上涨 5 倍。英国、法国、德国一般上涨 2 倍到 2.5 倍。这使靠工资为生的工人实际工资下降，日趋贫困，按传统方式征收定额货币地租的封建主，收入减少了，新兴的资产阶级、新贵族靠使用廉价的劳动力和高价出售产品而得到好处。同时欧洲与亚洲、非洲之间的商业扩大了，并开始与美洲有了商业联系，也出现了新的金融机构如股份公司和交易所。从此，西欧诸国的资本主义迅速发展，很快超越亚洲、非洲和美洲许多国家。

席卷世界的“淘金热”

在美国历史上，18—19 世纪是一个财富积累的时期，这和“淘金热”关系密切。

在人口第三次大规模的浪潮来临之际，美国移民萨特在加利福尼亚的萨克拉门托附近发现了金矿，不久消息扩散到外界。于是，美国沸腾，世界震撼，大批人开始涌入加利福尼亚，开启了美国历史上轰轰烈烈的西进运动，并且许多新近出现的城镇很快成为国际性的城市。

这股淘金热也很快传到中国，从 1849—1882 年，共有 30 万华人进入美国，这是中国历史上最大的一次移民潮。华人首先是在加利福尼亚的矿山工作。这期间加州开采了价值 12 亿美元的黄金，相当于美国同期黄金总产量的三分之二，其中相当一部分是华人所采挖。

19 世纪中叶，继美国加州淘金热之后，在澳洲也发生了轰轰烈烈的淘金热。从 1855 年起，大批中国淘金客漂洋过海来到澳洲，加入了这股淘金热潮。

而这两股淘金热潮，极大地提高了黄金的产量。

在 19 世纪之前，人类社会的黄金生产力水平非常低，有人研究认为：在 19 世纪之前数千年的历史中，人类总共生产的黄金不到 1 万吨，如 18 世纪仅生产 200 吨黄金。但是 19 世纪一系列黄金资源的发现，淘金热的兴起，使得黄金产量得到了大幅度的提高，尤其是在 19 世纪后 50 年里，黄金产量超过了这之前 5000 年的总量。如今，世界每年矿产黄金 2600 吨左右。

全球经济一体化，黄金是国力强弱的标尺之一

到了全球经济一体化的今天，尽管发行信用货币已经成为现代国家的主流，但是黄金储备依旧是一个国家用以平衡国际收支、维持或影响汇率水平的重要形式，在稳定国民经济、抑制通货膨胀、提高国际资信等方面有着特殊作用。每个国家也都有自己的金库，而黄金储备量的多少也成了国力强弱的标尺之一。

其实，不管是古代统治者对黄金的“集权”掌控，还是西方殖民者的贪婪掠夺、淘金浪潮中追逐金子的狂热，抑或今天世界各国对黄金储备的重视，都是人类占有黄金“野心”的体现，也是黄金本身无与伦比的财富魅力所致，黄金的身影始终贯穿在人类社会的发展进程中，其耀眼的金色从未黯淡。

03

每一次法币系统的重置靠的都是真金白银

> 已有的事，后必再有；已行的事，后必再行。日光之下，并无新事。
>
> ——《圣经·传道书》

宋朝发明了世界上首例纸币后，马可·波罗对元朝纸币的流通在自身游记中做了生动的描述：各国使节带着各种金银珠宝来拜见元朝皇帝，元朝皇帝却用朝廷盖了章的桑树片（元代的纸币）作为交换，这些“桑树片”可以支付在元帝国内购买的任何产品。

今天，这种让马可·波罗惊叹不已的让钱从无到有的“炼金术”，早已不是什么新奇，世界各国都是如此，并且相比元朝皇帝的做法更加“规范”了。元朝宫廷及其他机关本身并不印制这种“桑树片”，是元朝皇帝个人印制，不过是一张“购物券”，但是今天各国都由央行发行，可全国通用乃至世界流通，确切地说是由“购物券”演变成了法币，更有“威信”了。

不管是交子还是今天的法币，日光之下，并无新事，细细究来，一切不过是皆有“定数”，都有着深刻的发展逻辑，我们能做的便是认识它、运用它。

布雷顿森林体系

第一次世界大战以前，欧洲各国和美国都在不同时期实行了金本位制，但是因为战争或其他原因，各国政府需要大量印钞来满足超额支出，金本位便被废弃了，国际货币体系随后分裂成几个相互竞争的货币集团，各国货币竞相贬值，动荡不安。

第二次世界大战后期，英美两国出于自身利益的考虑，构思和设计战后国际货币体系，分别提出了“凯恩斯计划”和“怀特计划”。美国凭借战后拥有全球四分之三黄金储备和强大军事实力的大国地位，力挫英国的“凯恩斯计划”，“怀特计划”成为布雷顿森林会议最后通过决议的蓝本。

“布雷顿森林体系”的主要内容是美元与黄金挂钩，

其他国家货币与美元挂钩，各国政府或中央银行可按官价用美元向美国兑换黄金，这就使美元处于等同黄金的地位，成为各国外汇储备中最主要的国际储备货币，并依此制定各国汇率、国际结算等规则。依靠当时的美国经济实力和黄金储备，它在一开始确实有助于国际金融市场的稳定，对战后的经济复苏起到了一定的作用。但其自身存在的缺陷，导致了这一体系最终的崩溃。

维持布雷顿森林体系的运转，需具备三项基本条件：美国黄金储备充足、黄金维持在官价水平、美国国际收支保持顺差。但这显然不现实。

20 世纪六七十年代，美国深陷越南战争的泥潭，财政赤字巨大，国际收入情况恶化，美元的信誉受到冲击，甚至爆发了多次美元危机。同时日本和西欧崛起，美国经济实力相对削弱，无力承担稳定美元汇率的责任，贸易保护主义抬头，相继两次宣布美元贬值。各国纷纷放弃本国货币与美元的固定汇率，采取浮动汇率制。以美元为中心的国际货币体系瓦解，美元地位下降。欧洲各国的许多人一度拒收美元。

1971 年第七次美元危机爆发，尼克松政府于是宣布实行“新经济政策”，停止履行外国政府或中央银行可用美元向美国兑换黄金的义务，并于同年 12 月份以《史密森协定》为标志，美元对黄金贬值，美联储拒绝向国外中央银行出售黄金。至此，美元与黄金挂钩的体制名存实亡。

但是，大家要明白一点，布雷顿森林体系的崩溃与黄金无关，当时黄金并不是与各国货币直接挂钩，黄金与世界各国货币之间的“媒介”是美元，即美元发行过剩，无法支撑美元与黄金之间的互换，这才导致了体系的混乱和崩溃。而这短短的二十几年也让我们充分看到了中央银行与黄金之间的“爱恨情仇”。

中央银行与黄金的大战一直都在进行

黄金本质是货币，由于自身的价值一旦成为一个人的资产，并不会让拥有它的人产生任何的负债。但是纸币不过是一个购买的“承诺”，一旦成为一个人的资产，它就是印发这个纸币的人或机构的负债。而拥有纸币的人手上持有的不过是发行人或机构的信用。

而当今社会，纸币的发行政策及印制一般都由各国的中央银行进行，进而演变出了当今的“炼金术”：

一个以中央银行垄断货币供给，以银行部分准备金制度为放量的纸币供给系统及其相关的金融工具和市场。

例如，英镑主要由英格兰银行发行，人民币由中国银行发行，美元是由美联储发行，同时其他商业银行要根据自身库存的现金按比例在中央银行存放存款。中央银行通过调整存款准备金率，可以影响金融机构的信贷扩张能力，从而间接调控货币供应量。

在金本位制度约束下，政府发行的法币数量是以自身所持有的黄金数量为限的，这样就能够有效地遏制政府滥发法币。但是一旦没有了金本位，只要政府没有遭遇“信任危机”，纸币的印制便可以无限地扩大并进行下去，甚至出现“以债抵债”。

比如，2008 年金融危机，其起因是膨胀的债务，危机之后，美国、欧洲、日本都推出了名目繁多的量化宽松、长期融资计划和通胀下限的政策，其背后的动机归根结底，不过是将印钞进行到底，用“债务”偿还债务，最终膨胀一个更大的债务，还债只会遥遥无期，而且持有的纸币也只能越来越不值钱。当人们手中纸币的购买力遭遇“威胁”时，便会转而去持有真金白银，黄金自然也就成了各国央行所发纸币的天然竞争对手，而且从来如此。

那么金本位是不是就是货币王道，“信用”难以担起大任？也并不是如此！

“信用”时代，金本位制会“复辟”吗

2011 年，伦敦街头出现了英国第一台黄金自动提取机，大家只要将信用卡或现金塞入其中，机器就会吐出货真价实的小金条。

瑞士议会决定讨论创立与现行货币瑞士法郎平行的金

法郎的可能性，规定“金法郎”每个含金量为0.1克，并根据国际金价浮动，由市场决定它与现行瑞士法郎的比价关系。

欧洲议会拟讨论恢复黄金在交易所和银行的清算货币地位。

……

金本位制忽然有了重新出山的迹象。

确实，欧元似乎分崩离析，美元在全球储备体系中的“王者”地位正在滑落。当纸币体系出现了问题，黄金必然会受到追捧。于是，有人开始站出来大胆“预言”，世界货币格局应返回金本位制，以求形成稳定的国际货币体系。

那么，黄金真的会取代美元，再次登上货币之巅吗？不会！

首先，黄金市场太小了。

人类至今开采的黄金有15万吨左右，而地底下黄金储量大概还有9万吨，黄金总量非常有限。已开采的15万吨黄金中约40%，也就是大约6万吨作为可流通的金融性储备资产，存在于世界金融流通领域，这6万吨中超过3.3万吨是各国的官方金融战略储备，2万多吨是国际私人和民间企业所拥有的民间金融黄金储备；而另外的60%左右的黄金是以一般商品的状态存在，比如首饰、历史文物、寺庙装饰、电子化学工业品等。换句话说，全世界可以拿出来做货币的黄金主要是各国官方储备以及国际市场上可以购买的实物黄金，就算有 4 万吨黄金可以作为货币流通，也远远不能满足今天日益扩大的全球化商品流通需要。

同时黄金具有货币和商品双重属性，当商品属性占据主导地位时，黄金价格与其他商品价格走势是一样的，当货币属性占据主导地位时，黄金价格又会与一般商品及国际储备货币汇率发生背离，可以说黄金本身的价格波动不定，扑朔迷离，而且并没有权威的价格制定机构或机制。布雷顿森林体系执行之时，虽然美国规定了一盎司黄金价格为 35 美元，但是一旦市场不再承认这个价格，而且偏离甚远时，整个体系难以支撑。

总之，金本位制将令全球经济增长收敛于一个黄金所能够承担的极限，即全球可充当货币用途的黄金存量，这只会导致全球经济的崩溃，要么世界经济的发展由于黄金资源的匮乏而崩溃，要么由于人类技术的进步可以合成黄金而导致金本位基础全部丧失而崩溃。

其次，黄金资源分配很不均匀，且国家之间不可避免地存在利益冲突。

19 世纪以来，黄金大量地被少数强国所掌握，目前依然是少数发达国家的囊中物。现在美、欧、日的储备黄金仍占 70% 左右，再加上国际货币基金会等机构的持有量，则接近了 80%，世界其他地区的占有量不过 15% 左右。同时地下黄金的储量南非占了全世界的一半，美国占了12%，其余的主要分布在俄罗斯、乌兹别克斯坦、澳大利亚、加拿大、巴西以及中国等。这样的差距，必然导致许多国家，特别是缺少黄金储备的新兴经济体没有平等的货币流通基础，如若实行金本位不过是进一步剥夺国际上“黄金弱势群体”的经济话语权。

另外，金本位这种保障体制非常脆弱，往往因为“国家利益”而被摧毁。比如第一次世界大战爆发，参战国需要集中黄金用于购买军需，就停止了银行的黄金兑现和自由黄金输出，导致金本位制崩溃。而布雷顿森林体系的终结也使法国出于自身利益而带头抵制。今天的世界，仍然存在着政治制度和经济发展水平上的重大差距，希望通过金本位制不过是一种美好的愿望罢了。

最后，主要经济大国发行含金量纸币的意愿几乎为零。

确实，从普通人的角度来看，恢复金本位制可以遏制央行滥发纸币，减少被剥夺感。但是自从1971年美国宣布美元与黄金脱钩，不仅美联储的货币发行放开了手脚，其他国家的央行基本也都如此，并且它们对货币的发行已经不再喜欢被政策考量之外的其他因素所束缚。比如，当政府需要救市，需要启动经济刺激方案时，如果还要考虑与黄金挂钩，显然难度太大。因此，短期内也别指望尝到甜头的各国央行会压制纸币超发的冲动。而拥有最多黄金储备的美国出于自身利益考虑也不可能支持黄金再度上位。对美国来说，恢复黄金本位就等于放弃了向全球金融市场“注水”的特权。

所以，想象很美好，现实很残酷，金本位制在当今世界已经难以咸鱼翻身。但是我们也不能忽略一个现实，在人类未找到比黄金更有价值的货币之前，在今后相当长的历史时期内，黄金还是会与外汇、各种货币求偿权和其他资产相结合，充当具有特殊意义的货币发行准备物，世界货币体系一定程度上依然受制于黄金，因此各个国家加强国内黄金开采、增大黄金持有量，仍然具有稳定自身货币政策的特殊意义。而对我们个人来说，黄金依然是不会贬值的最佳财富储存工具。

04 黄金仍然是绝佳的财富储存工具

执古之道，以御今之有，以知古始，是谓道纪。

——《道德经·第十四章》

第二次世界大战引起了许多的争论和困惑，纳粹黄金便是其中之一。

第二次世界大战期间，纳粹聚敛了大量财富，并在德国还未彻底崩溃之前，纳粹上层官员就制订了周密的复兴计划，把战争中掠夺的财富运往其他国家藏匿起来。

1945 年，乔治·巴顿发现了纳粹藏匿的默克斯宝藏，其中的黄金价值 2.6 亿多美元、白银 27 万多美元，另外还有一袋白金和 8 袋稀有金币没有进行估价。

而这也只是纳粹所藏匿黄金的一部分，其他的至今下落不明，其价值也不为人知。

历史会是我们最好的一面镜子，除了纳粹，纵观人类历史，任何的宝藏几乎都与黄金有关，为什么？

黄金是躲避风险的上品

黄金密度非常高，如果把世界所有存世的黄金装入一个空间，只要一艘大型邮轮就可以了。

黄金跟地球上任何其他的元素不同，化学成分极其稳定，可塑性强，不会氧化，从不锈迹斑斑，古往今来已经挖出来的金子仍然保存完好。

全球黄金总量有限，由于稀缺性不会贬值。

“信用”货币时代，黄金是对冲债务风险的一个有效方法。

……

便于携带、便于储藏、永不贬值，也正是黄金的这些特性，不管是在古代还是现代，黄金依旧是绝佳的财富储存工具。

乱世藏黄金不是没有道理

我们知道古代中国虽然多金，但是黄金却逐渐稀缺，以至于白银成了真正的流通货币。为什么会这样？有人归纳了以下几个原因：寺庙建立佛像镀金、陪葬帝王墓、西方殖民掠夺、乱世藏黄金。

这些说法不是没有道理，比如乱世藏黄金。

古代中国战争不断，掌握多数财富的主体贵族官僚便成了战争中最主要的掠夺对象。有掠夺就有防范，为了防止自己的财产受到掠夺，这些贵族官僚就将自己的财富藏起来。而在所有财富中最容易埋藏的就是黄金。但是战争残酷，很多贵族官僚最终没有机会再取出黄金，这些黄金就逐渐被人遗忘了。

黄金的产量基本上不会增多，乱世藏黄金加上其他的因素，导致黄金消耗却越来越多，使得黄金流通的总量越来越少，最终导致中国一度出现了“贫金”现象。

而乱世藏黄金也并不是中国古人的专利，甚至近代乃至未来都会上演。

早在罗马帝国时代，蛮族攻陷罗马帝国之后，欧洲人就储藏罗马金币和黄金器皿，以此来应对恐怖的杀戮；第二次大战之前，欧洲狼烟滚滚，面对希特勒和墨索里尼的磨刀霍霍，大量的财富被转换成黄金，漂洋过海到美国避难；而中国近代最显著的例子，就是蒋介石在离开大陆时，将黄金和文物运到中国台湾，这批黄金最终帮助国民党政府顺利实施了货币改革，稳住了台湾地区的经济。

那么，是不是只有乱世黄金才有“收藏”的价值？当今我们身处盛世，特别是处于“信用”货币时代，黄金就不重要了？非也！

盛世，黄金也是投资好品种

第二次世界大战结束，布雷顿森林体系得以实施，法国总统戴高乐就坦言说：“美元超然于世，是因为美国拥有大多数的黄金。”但是，当尼克松废除了金本位制，试图磨平黄金的影响力，黄金依然是“隐形”的帝王，在对冲债务风险上发挥着重要作用。

举个例子，如果将中国看作一个债权人，美国看作一个债务人，那么，中国持有的美元实际上就是美国政府的延迟兑付“凭条”。

身为债务人自然都想降低自己的债务成本，最有效的方法是零利率和印钞，但是债权人不傻，当然不会同意零利率，因此想要降低成本就只能印钞，这个方法更隐晦也更直接，不易被对方察觉，同时还可以稀释自己的债务。而债务人为了减轻自己的债务风险也有对冲的方法，就是购买黄金，因为纸币的贬值总是相对于黄金的，债务人印钞，必然导致纸币的贬值和金价的上涨。

另外，从世界历史上看，不管是罗马帝国的拜占庭钱币还是日不落帝国的英镑，都无法占据永久的统治地位，当美元无法统治世界的时候，如果人类还未找出其他的拥有恒定价值的货币，黄金依旧会成为终极领袖，它不会因为任何政权法币的崩溃而失去价值。

正是黄金的这种内在价值，在和平盛世，它依旧是我们投资的好品种，特别是在出现恶性通货膨胀时，它的避险功能便会得到最大的突出，保证我们个人的财富不被缩水。

当然，这种投资不是让你像“中国大妈”一样盲目扎进零售黄金市场，而是要在充分了解黄金市场的操作机制、世界黄金格局基础上进行理性投资。

黄金笔记

巴菲特曾说过："我们只是在别人贪婪时恐惧，而在别人恐惧时贪婪。"

对于财富的追求是人类的"天性"，只是如果我们不能明白财富的本质，很可能到时候竹篮子打水一场空。

所以，你明白"钱"的真正含义了吗？

你明白了"金钱世界"的运行规律了吗？

你将会如何保护自己的资产？

CHAPTER 2 | 第二章

“权杖”的更迭

人类社会风云变幻，财富阵地不断转移，黄金权杖也一再更迭。但不管如何，它牢牢地握在“少数人”的手中，虽然世界货币体系基本定型，全球金融体系的信心完全仰仗美元，货币篮子的出现改变了世界的资产负债形式，但它依然在“少数人”手中，在全球金融体系中发挥着“基石”的作用。

GOLD KNOWS THE ANSWERS

01

美联储的池子到底有多深

一发不可牵，牵之动全身。

——清·龚自珍《自春徂秋偶有所感触》

在布雷顿森林体系中，美元曾一度是黄金的“代言人”，甚至规定了黄金价格1盎司35美元。虽然今天美元的这种“代言”权利已经失去，但是作为国际性货币，其对黄金的影响力依然不容小觑。

其实，全球金融市场是一张巨大的关系网，各种势力竞相角逐，其中美元和美联储占据着主导位置，其每一个动作都可能牵扯到这张关系网的运作。谈贵金属投资，美元和美联储绝对是不能绕过的一个话题。

美元与黄金相爱相杀

美元“dollar”一词源于“thaler”，是一种在德意志波西米亚的约阿希姆斯塔尔（今捷克共和国的亚希莫夫）使用的一种银币。根据1792年美国国会通过的《铸币法案》，美元的成色也被固定下来，包含一定比例的白银和黄金，并在《美利坚合众国宪法》第一条第十款中，做了如下规定：

“任何一州都不得缔结任何条约，参加任何同盟或联邦；不得颁发捕获敌船许可状；不得铸造货币；不得发行纸币；不得使用金银币以外的任何物品作为偿还债务的法定货币。”

也就是说，禁止各州自行铸币，但是允许黄金和白银作为法定货币使用。此外根据《美利坚合众国宪法》第一条第八款，联邦政府获得了监管硬货币币值和借款行为的权力。

也正是因美元与金银的挂钩，加之之前布雷顿森林体系时期，美元地位空前高涨，以美元为主体的国际货币体系已形成，得以让美元的这种影响并没有因布雷顿森林体系的瓦解而削弱，今天美元依然是国际黄金市场上的标价货币，不仅如此，美元还与黄金一同成为了国际金融市场非常重要的避险工具。这就从两方面导致了美元与黄金之间负相关关系。

一方面，因为黄金以美元计价，必然导致美元贬值金价上涨，美元上涨金价下跌。实际上在2005年之前的几年，金价的不断上涨，一个主要的因素就是美元连续三年的大幅度下跌。

另一方面，由于美元与黄金同是各国中央银行的很重要储备资产，若美元指数坚挺就在一定程度上削弱了黄金作为储备资产和保值功能的地位，反之则是增强黄金地位。其实自1913年美联储成立以来，美元已经相对于黄金贬值了96%。

当然，美元与黄金的这种负相关并不是绝对的，有时还得看美联储这只看不见的手如何进行操纵。

“国中国”的货币体系

美国的货币体系并不是美国政府所创造，实际上由金融内部人士所创造，并为美联储所控制。

也就是说，和世界上其他央行不一样，美联储的控制权不归美国政府，而是在于少数人——执行委员手中，这些委员并非选举产生，主要是银行家和经济学家。美联储从未被审计，美国国会中没有一个人知道美联储到底在干什么。也就是说，美联储在美国是一种非常特殊的独立的存在，犹如一个完全自主的“国中国”。

听起来有点不可思议，然而事实确实如此。

比如，1971年尼克松总统宣布美元与黄金脱钩，如果人们仔细听他的“暂时关闭黄金窗口”的演讲时，你会发现他根本不知道自己在说什么，这并不是美国国会的主意，他不过是按照美联储的意愿在“照本宣科”。

新货币政策推行后，没了黄金的束缚，美联储开始毫无顾忌地进行美元扩张，对美国经济的侵入越来越深，攫取了越来越多的财富和权力，这些最终成为了这个“国中国”的肥料，而且随着体系的发展，甜头增大，他们也喜欢上了这个新货币体系，并开始依赖它。

现在全世界各行各业的投资者、经营者、经济学家和政治学家所拥有的财富或是权力都依赖于这些内部人士的“廉价资金”——美元。美联储不仅深深地控制了整个美国，并对全世界都产生了极其重要的影响。由于其强大的经济掌控力，我们即便知道这是不公平的，也无法将其根除，至少在当前政策的给养下是不可能的。

如今，在纽约的美联储金库中，大约只有5%的黄金为美国政府所有。虽然在布雷顿森林体系时期美国开始将黄金倒卖给一些欧洲国家，但是根据美联储黄金交易方式，欧洲国家从美国购买黄金后，依旧储存于美联储，不过是从这个房间移到那个房间，所以美联储金库中的黄金储备量并没有因此减少。而美国本国的黄金据说都分散在另外几处更安全的地方，比如诺克斯堡美军基地，有人认为美国有一半的黄金都储藏在此地。

美联储的“炼金术”

首先，美联储得以影响金价有三大便利条件：黄金以美元计价，美国黄金储备世界第一，国际知名投行汇集华尔街。也就是说，美联储具备了影响金价的天时、地利、人和这三个条件。

其次，美联储主要在利率、QE（Quantitative Easing，量化宽松）政策和扭转操作等上面“操纵”金价。

1. 利率

无论是通货膨胀还是通货紧缩，一旦过度都会对经济、社会、政治造成严重的后果。所以，各国都会根据市场经济过热或过冷的实际情况来实施适度的政策。美联储也是如此，它会根据市场情况，调整基准利率表示未来美国将会采取怎样的货币政策，决定美联储如何修改贷款利率，也就是决定降息、加息还是利率保持不变。

降息，会减少银行存款的收益，资金会从银行流出变为投资或消费。一般来说，当一国经济发展处于大萧条、大衰退时，央行会采用降息的举措鼓励投资、消费，刺激经济增长。通常美联储降息会拉低美元汇率，导致金价上涨。

加息，会使商业银行对中央银行的借贷成本提高，进而迫使市场的利息也增加。它的作用与降息相反。一般来说，当一国经济过热，通胀严峻时，可以通过加息来对经济降温。美联储加息会促进美元升值，对股市商品都会产生一定的打压，更多的人会因为能得到利息而买入美元，从而黄金失去优势，金价下跌。

利率保持不变，一般来说有“准降息”的作用，对黄金的影响体现在，随着美元货币供给量的增加，将导致美元指数不断降低，而以美元为计价标准的黄金价格就会不断上涨。

当然，以上只是“理论”层面，并非绝对如此，比如2008年金融危机美联储用降息应对，金价不仅没有上涨反而下跌，我们需要结合美联储真实的目的及市场的预期和反应来综合看待。

2. QE

QE，简单理解就是“印钱”，即央行扩大一定数量的货币发行，减少银行储备必须注资的压力。具体办法是各国央行通过购买国债等中长期债券，增加货币供给，向市场注入大量流动性资金，以鼓励开支和借贷。其目的是为了应对国内经济的持续下滑与投资衰退。一般来说只有在利率等常规工具不再有效的情况下，才会采取这种极端的做法。

QE曾是美国的拿手好戏。美国政府通过向美联储写“借条”——国债，让美联储多印美元，然后政府用这些美元去购买需要的东西，此时美元等于国债，所以某人或国家拥有多少美元，实际上就是拿到了美国多少国债。虽然明知道这是美国政府在对美元“注水”，但是谁叫人家是美元呢。基本上大规模的 QE 会导致美元指数下跌，黄金价格上涨。

2014 年美国宣布退出 QE，也就是打算不多印钱了，这会令全球资金回流美国，以实体经济来获得更高的收益率，那么相应地导致了黄金市场被冷落，投资情绪下降。当然美联储这么做都是出于巩固美元全球货币地位考虑的。

3. 扭转操作

扭转操作（Operation Twist）即试图扭转利率曲线，使长期利率低于短期利率，主要是为了卖掉短期国债，然后买入长期国债，进一步拉低长期债券的收益率。这是美国打的一手好算盘。

长期利率压在低位，这样不推出 QE 也可以平息国内外反对量化宽松之声，而效果与量化宽松相等，实质上是美联储动用铸币权降低风险，与美国财政部一起通过操纵债券市场来操纵全球金融市场价格。

长期国债增加而短期国债减少，虽然理论上讲风险会增加，美联储的资产负债表可能恶化，但是美联储会成为美国债券市场最大的庄家，在短期国债市场上的亏损可以通过长期国债市场弥补。

不会触动既得利益，在短期内可以收到延缓居民资产负债表恶化的效果，而美元汇率有可能下降，使得出口得利，也可以推动投资者转向股市或公司债等更高回报的资产。

扭转操作卖出短期国债，因此短期国债的收益率上升，这对美元来说是有利的，但必然会打压贵金属和其他国家货币。

不管美联储的花样何其多，其最终的目的都是为了巩固美元世界货币的地位。而政策、国情是多变的，黄金是永恒的，这种“人为”的操纵，并不足以让我们对黄金失去信心。

02

央行“操纵”引发的“市场地震”

天下有道，却走马以粪。天下无道，戎马生于郊。

——《道德经·第四十六章》

2013 年，塞浦路斯央行放话要抛售一部分黄金储备，黄金市场顿时腥风血雨。

2017 年 4 月，特朗普声称不喜“美元强势”，此言一出，美元闪跌，现货黄金价格暴涨，特朗普自己也落得了一个操纵美元和黄金的指责。

那么，金价最主要的“操控者”是谁？

当然是各国央行，尤其是美联储！

央行右手握的是黄金储备，左手握的是货币政策，自然可以有力地影响黄金价格，而其政策的变动，往往也会给黄金市场带来不同的投资风向，要么腥风血雨，要么天下太平。

作为个人投资者自然希望天下太平，可惜这一切不以个人意志为转移，我们能做的便是站在风口上洞察其背后的运作本质，先安己再安天下。

央行影响金价的三种手段

信用货币时代，因为黄金与法币之间的特殊关系，央行们为了维持法币的“信用”，本国经济的有序发展，经常需要对金价进行干预，甚至打压。央行一般采取抛售黄金、黄金借贷、期货市场干预三个手段来干预金价，进而稳定全国经济发展。

1. 抛售黄金

抛售黄金是央行抑制金价最直接的手段。比如，1999年，为了增加外汇的持有比率，达到更好的投资平衡，前英国财政大臣戈登·布朗5月宣告要卖掉英国700吨黄金储备的半数，将所得收入投资到购买外汇，包括欧元。宣告一出，短时间内对黄金价格造成了负面的影响，金价一度滑到252.80美元/盎司，这是国际黄金价格20年以来的最低点。“跌跌不休”的金价吓得各国央行赶紧在当年9月协议限制黄金抛售量，之后价格逐渐趋于稳定。此次，英国政府卖出黄金395吨，约为276.60美元/盎司，总共筹集22亿英镑。如今，黄金价格每盎司已经攀升至千美元级别，与276.60美元/盎司相比涨了近6倍，它也成了历史上被诟病的黄金投资败笔之一，西方媒体毒舌地将其称为“骇人的遗产”。

2. 黄金借贷

黄金借贷就是俗称的“借金还金”，80年代开始成为金矿开发的一种融资方式，今天专门指央行将长期储藏于银行的黄金贷给金矿公司，而作为贷方的中央银行和作为借方的金矿公司通常不会直接交易，而是要由大银行（商业银行）充当中介：大银行评估黄金生产企业项目，并以自己的资产做抵押，从中央银行借出黄金，再转贷给金矿企业。大银行从中央银行获取黄金贷款后，通常会按照黄金贷款企业的要求将黄金在现货市场上出售，获得的资金转为借款人所需的项目开发资金。因此黄金借贷也具有锁定黄金价格、规避价格下跌的保值功能。

衍生金融工具的蓬勃发展使得管理风险变得更为容易，产品定价更为灵活，也进一步拓展了黄金借贷的空间。20世纪90年代以来，黄金借贷以每年20%的数量递增。

3. 期货市场干预

期货市场干预，就是通过在期货市场抛售黄金影响金价。因为期货市场的特殊性，通过这种方式央行可以用更少的实物黄金控制金价。比如，过去美联储主席就提到过有必要支持黄金空头来对金价进行定期攻击，防止大量资金集中在黄金市场，削弱美元的地位。鉴于美联储强大的实力，一般每当黄金价格走出一个匪夷所思的趋势，没办法解释时，唯一的合理解释就是美联储这只看不见的手。除了它，其他央行无如此实力。

美联储的动机很不“纯”

其他国家央行干预金价均是为了挽救或稳定国内经济发展，但是美联储不一样，它的目的很直白，就是为了巩固美元的地位。

比如，2013 年，德国要求美国归还寄放美联储的黄金约 300 万吨，但是这一年美国却只归还了 5 吨。唯一合理的解释是美联储金库的黄金不够，此时要回购黄金，当时黄金的市价近 1700 美元 / 盎司，显然对美联储来说有点“不合理”，巧的是，当年的黄金出现了暴跌，仅 4 月 15 日一天，国际金就下跌 140.5 美元。2013 年年底，美联储宣布缩减 QE，货币政策的收紧对黄金市场产生了巨大冲击。直到 2015 年年底，金价已经跌至最低价位 1049.4 美元 / 盎司，而这个时候的美国也已经还了近 200 吨的黄金。

从美国舍不得放弃美元的全球货币地位、黄金价格的诡异下跌中，我们都能找到美联储的一些“蛛丝诡迹”，结果也都是对美元有利的，相信这些都不是“纯属巧合”。而因其导致的金价下跌，也并不是黄金本身不值钱，不过是美联储为了自身利益而导演的一场场戏，谁叫美元与黄金天生相爱相杀呢。

其实，对于我们一般的投资者来说，不管是央行还是美联储，对金价的干预都是有迹可循的，我们要做的是洞察它们背后的各类政策的根本原因。

03

影响黄金走势的八个因素

> 君之所以明者，兼听也；其所以暗者，偏信也。
>
> ——汉·王符《潜夫论·明暗》

坊间一直都有“金九银十”之说，确实，一般随着8月下旬至10月中国和印度节日以及结婚季的到来，黄金购买通常会随之增长，临近年底，中国人购买黄金的热情也会升温，因此金价在9月份的平均涨幅为3%，久而久之人们便形成了“黄金价格往往在9月份大幅反弹”的定性思维。

于是2014年9月，各大网站均以类似“最强9月能否延续涨势”为标题纷纷预测国际金价走势。很多人觉得黄金自2013年以来跌的也差不多了，应该涨起来了，便轰轰烈烈地投入到购买黄金的行列，结果黄金价格持续走低。

为什么以往的经验失灵了？实际上这样的判断多是基于人们对金价走势的感觉而判定的，并不具有理论和数据支撑。

影响黄金市场的因素很多，往往需要我们综合分析和判断，必须全面了解那些利多金银[①]和利空金银[②]背后的原因。

1. 美元走势

通过前面的分析我们已经知道美元与黄金之间负相关的关系，在影响黄金价格变化的众多因素中，一个相对容易把握的因素也是美元指数[③]。而美联储货币政策的制定也并不是由掌控美联储的几个少数人拍脑门想出来的，而是与美国的经济息息相关。因此要特别注意美国的一些经济数据，其中有几项非常重要的美国经济指标（尤其以非农就业报告和美国GDP、就业报告为重），对金融市场的影响非常大，也是投资者判断美国经济好坏的重要参考。

2. 战乱及政局动荡

战争和政局动荡，会让经济的发展受到很大的限制，任何当地的纸币都可能会由于通货膨胀而贬值，黄金的重

①利多金银：就是指有助于黄金白银上涨的消息。

②利空金银：就是指能够促使黄金白银下跌的消息。

③美元指数：US Dollar Index®，即USDX，是综合反映美元在国际外汇市场的汇率情况的指标，它通过计算美元和对选定的一篮子货币的综合的变化率，来衡量美元的强弱程度。

要性便淋漓尽致地凸显出来了，人们“认金银不认纸币”，而其对黄金的抢购也必然会导致金价上涨。

3. 世界金融危机

当金融危机出现时，黄金往往就会发挥出资金避难所的功能，人们为了保住自己的财富，便会把资金投向黄金，黄金需求量增加，金价就会上涨。唯有在金融体系稳定的情况下，人们对黄金的信心才会大打折扣，将黄金沽出造成金价下跌。

4. 通货膨胀

一国物价稳定时，其货币的购买力是稳定的，但是如果通货率增高，纸币的购买力就会减弱，纸币对大家便会失去吸引力，为了自身资产不缩水，人们便会将手中的纸币纷纷兑换成黄金，如果通胀剧烈，持有现金根本没有保障，收取利息也赶不上物价的暴升，以黄金做保值的要求也就越大，世界金价必然会越高。如果美国和世界主要地区物价保持平稳，纸币不贬值，又有利息收入，而黄金是零利率的，纸币必然会成为大家的首选。当然，世界黄金价格不会受小国通胀的影响。比如智利、乌拉圭等，每年的通胀最高能达到 400 倍，却对金价毫无影响。

5. 本地利率

黄金零利率，其收益全凭价格上涨。在利率偏低的时候，投资黄金有一定的益处，但是利率升高时，收取的利息会更加吸引人，黄金投资价值的吸引力就会下降，毕竟要去考虑一下丧失利息收入买入黄金是否值得。

6. 经济状况

经济欣欣向荣，人们衣食无忧，有钱有闲，自然会增加投资欲望，民间购买黄金进行保值或装饰的行为就会大为增强，金价也会得到一定的上扬，反之，经济萧条，人们生存的基本保障都不能满足，自然没有投资黄金的兴致，金价会下跌。

7. 黄金供需关系

黄金也具有商品属性，也受市场供需关系的影响。如果市场黄金产量大幅度增加，供大于求，金价会受到影响而回落，如果黄金供小于求，金价就会上涨。上文一开始说的“金九银十”便是典型的黄金受供需关系影响。

8. 石油价格

石油和黄金一样都是国际市场上重要的大宗商品，石油的价格对黄金的价格具有一定的指示性。因为黄金能够抵制通胀，与通胀形影不离，而国际石油价格也与通胀水平密切相关，并且二者都受到一个相同的重要因素——美元走势的影响。一般来说，石油价格上涨意味着通胀会随之而来，金价也会随之上涨。所以，金价和石油的价格存在正相关的关系。从历史数据上看也是如此。近 30 多年来，一盎司黄金平均可兑换 15 桶原油，油价与金价呈 80% 左右的正相关关系。但是有时这种正相关关系也会有小区间的反向走势。

04

“东风”“西风”的风水站位

彼一时，此一时也。五百年必有王者兴，其间必有名世者。

——《孟子·公孙丑下》

历经风雨，到现在，黄金储备基本已经形成了“西强东弱”的局面。

截至2018年1月世界黄金协会公布了世界黄金储备数据，美国位居榜首，德国、国际货币基金组织、意大利、法国分列第二、三、四、五，中国赶超俄罗斯成为世界黄金储备第六位的国家。

中国、印度、俄罗斯、土耳其等国都是黄金白银最大的消费国，但是一直以来对黄金的影响微乎其微，无奈地唯国外市场马首是瞻。然而，任何事情都不是一成不变的，黄金市场正在迎来新一轮的洗牌……

黄金储备的多少与全球话语权的关系

每一个国家都希望像美国一样保持一个纸币标准，希望自己的法币能够纳入国际货币基金组织，以获得特别提款权的价值。然而其中的游戏规则是：想成为玩家，你的筹码——黄金，必须足，毕竟这个圈里的其他成员（如美国、英国等全球主要国家）都是随身携带黄金在玩的（虽然他们并不把黄金当作钱，尽管黄金一直是钱），同时他们也在公开贬低黄金，假装黄金在国际货币体系中没有多大的作用。

这种“表里不一”说明：

黄金是世界金融舞台上的政治筹码。这并不意味着你会自动拥有一个黄金标准，但是你拥有的黄金数量将决定你在这个全球金融游戏中拥有的话语权大小。

不信来看一组数据。

截至2018年1月4日，全球黄金储备前十位国家，其黄金储备量及在外汇储备中的比重分别是：

美国，官方储备8133.5吨，占外汇储备75%；

德国，官方储备3373.6吨，占外汇储备69.1%；

意大利，官方储备2451.8吨，占外汇储备67.5%；

法国，官方储备 2435.9 吨，占外汇储备 63.5%；

中国，官方储备 1842.6 吨，占外汇储备 2.4%；

俄罗斯，官方储备 1828.6 吨，占外汇储备 17.5%；

瑞士，官方储备 1040.0 吨，占外汇储备 5.4%；

日本，官方储备 765.2 吨，占外汇储备 2.5%；

荷兰，官方储备 612.5 吨，占外汇储备 66.6%；

印度，官方储备 557.8 吨，占外汇储备 5.7%。

而国际货币基金组织的成员国最初不过是美、英、德、法、意五国（其中就有四国黄金储备在外汇占比中超过 65%，英国在 1999 年大规模抛售黄金导致今日黄金储备在外汇储备中的比率大幅下滑），后面随着区域经济的崛起才逐渐接纳新的成员，比如中国于 2016 年正式加入。

“去美元化”的新浪潮正在袭来

美国想要维护美元的霸权地位，必然要捍卫强势的美元。只是当美元处于弱势时，外部的各种力量也会推着美元走下霸主地位。

欧洲国家加速进入“黄金遣返”行列，德国、荷兰、瑞士、奥地利、匈牙利等国央行相继从国外撤回其黄金储备，法国、意大利、俄罗斯等也在加快制订本国黄金回归计划。

而发展中国家则是在疯狂地囤积黄金。俄罗斯、中国、土耳其、哈萨克斯坦正在大幅地增加黄金储备，这些国家的央行将继续成为黄金的净买家。

特别是俄罗斯和中国。

2009 年以来，俄罗斯正以最快的速度增持黄金，其黄金储备增加了 500% 以上，其中仅 2017 年俄罗斯就购进了黄金 224 吨，2018 年第一季度又买入 41.7 吨黄金，蝉联第一大买家。这是俄罗斯连续第 12 年增加储备，目前其央行总计黄金储备 1890.8 吨，已经超过中国成为第五大黄金官方储备国。同期中国则增加 775 吨。

与此同时，俄罗斯过去 20 年来还大幅开采国内黄金矿场，黄金开采量几乎翻了一倍。根据俄罗斯黄金生产商联盟的数据，仅过去 10 年，该国的生产商就开采了 2189 吨黄金。

同时，中俄之间也在合作加速去美元化。比如中俄正在原油市场打算以黄金为基础通过人民币计价的原油期货合约来创造无美元交易环境，摆脱美元的影响。

另外，金砖五国也在积极商讨建立自己的世界货币黄金交易体系和东方黄金定价权基准。

新加坡首屈一指的黄金交易商罗南·曼利（Ronan Manly）对此表示："中俄积累的黄金可以被看作是摆脱美元统治国际贸易策略的一部分；中俄印等金砖国家正在快速建立黄金储备，或许未来将会回到金本位，转而摆脱美元的全球统治。"

中国或将改变世界格局

中国经济的发展全世界有目共睹，而它不仅会对黄金投资者，还会对任何与黄金经济、股票市场和美元市场有利益关系的其他投资者产生作用，并已萌生出以下三个趋势。

1. 中国正在参与金银价格制定

历史上，中国的黄金交易基本上都是在国外的一些市场进行的（国内只有中国香港），直到中国上海黄金交易所成立后，中国才正式设立了每日以人民币计价的黄金交易制度。

随着黄金的定价权逐步从西方转移到东方，上海黄金交易所的诞生具有深远的意义，新的黄金交易基准能更好地反映当地黄金市场的流动，更重要的是可以减少黄金交易对美元的依赖，大大提高中国对金价的影响力，也提高了人民币在全球外汇中的地位。

同时中国也参与银器价格制定，它意味着中国将会对这个关键行业和货币金属产生直接影响。

2. 人民币加入国际货币基金组织的货币篮子

2016 年人民币正式加入国际货币基金组织货币篮子，这意味着人民币终于像美元、欧元、日元一样得到了世界的认可，同时也意味着中国必须有足够的黄金作为筹码得以在世界舞台上站稳脚跟。

但是，从中国的黄金储备及其所占的外汇比例来看，中国的黄金数量还远远不够，这样的一个大缺口，会潜在影响着黄金的价格。

3. 中国黄金产量正在下滑

中国的黄金产量在 2017 年上半年的降幅为十年来的最大。这意味着中国可能增加黄金进口以弥补其供应的不足。

而黄金供应下降不是中国特有，澳大利亚黄金产量也持续缩减，南非作为全球最重要的黄金开采基地，自 1970 年至今，黄金产量也大幅减少。从大洲来看，南美洲和亚洲黄金产量跌幅巨大，大洋洲的产量比重开始下降。

金矿是有限的，全球实物黄金需求却在增长，未来黄金供应的问题将会越来越难以解决。

总之，黄金仍然是最安全的资产，黄金供需的失衡长期来看将会越来越严重，黄金当前的价格较供需来看可能被低估了，这对个人投资来说也许是一个做多黄金的不错机会。

黄金市场正在加速洗牌，也许，你就会是下一个黄金达人！

黄金笔记

我们的财富一直被操纵着，被我们自身操纵，也被一些看不见且高高在上的机构和组织操纵，并且它们轮番执权，始终是遮挡在我们头顶的看不见的一只大手。

在这样的“双重”控制中，

是什么促使你买入？

在什么情况下你会卖出？

你的回报是不是具有历史性的重复规律？为什么？

CHAPTER 3 | 第三章

从不“打烊”的市场

财富在不同的人之间流动，用于交易，才会具有驱动力。而黄金历经千百年，不仅交易从未断绝，时至今日更是形成了相当成熟的黄金市场，且在各个成功的黄金市场中，为黄金交易提供服务的机构和场所各不相同，并随着政治、经济格局的变化，它们之间的地位也存在着相应的变化。

GOLD KNOWS THE ANSWERS

01
“无间道”交易

知己知彼，百战不殆；不知彼而知己，一胜一负；不知彼，不知己，每战必殆。

——《孙子兵法·谋攻篇》

由于条件限制，我们多数个人投资者不可能获悉全部的市场信息，也不可能24小时紧盯着市场变化，往往市场一有风吹草动，便蠢蠢欲动，不是跟风买进，便是跟风卖出，自以为摸准了黄金市场的套路，结果自己反被套住，最终只能默默忍受钝刀割肉之苦。

金融投资很多时候可能比战争还残酷，打仗至少知道对手在哪里，而金融投资很多时候，对手都是潜藏的，我们先要做的便是在知道自己几斤几两的同时，摸透市场，充分掌握它的运作特点和运作方式。

黄金市场交易特点

由于黄金自身的特殊性，与证券、外汇等其他金融市场相比，黄金市场有两个特点。

1. 黄金市场没有庄家

大家都知道股票市场是一定区域性的投资市场，而黄金市场是全球性的投资市场，现实中还没有哪一个财团或国家具有操控金价的实力。当然有时会出现一些机构在某个市场开市之前的一些做市[①]行为，但是在全球其他黄金市场开市交易后，这些通过不正当手段被有意拉高的价格终究会回落，从而与全球金价同步。它是一个非常透明的有效市场，可以为黄金投资者提供较大的资源保障。

2. 黄金市场不受时间限制

由于黄金市场属于全球性的投资市场，全球交易市场是一体的，且由于时差的关系，基本周一到周五 24 小时都可以交易，使得投资者随时获利平仓，在适合的价位也可以随时建仓。比如，伦敦每天上午 10：30（北京时间 17：30）的早盘定价揭开北美金市的序幕；纽约、芝加哥等先后开叫，当伦敦下午定价后，纽约等仍在交易，此后

① 做市：人为制造股市交易量膨胀，以吸引更多投资者购买。

中国香港也加入进来；伦敦的尾市会影响美国的早市价格，美国的尾市会影响中国香港的开盘价，而中国香港的尾市价和美国的收盘价又会影响伦敦的开市价，如此循环。

另外，黄金市场作为一个全球性公开市场，不像股市有涨跌停板的限制，投资者始终都有获利机会。

虽然黄金市场公平、透明，但是金价走势受各种因素影响，由于一些投资者缺乏经验和技术，对一些消息甚至小道消息判断失误，往往会出现买消息卖事实的情况。

买消息，卖事实

“买消息，卖事实”也叫“买预期，卖事实”，所谓的买消息就是根据所获取的消息买入黄金，这里的消息指的是预期消息和传言，即投资者根据自己所获得的“情报”判断利多黄金提前在投资市场大量买入黄金，金价因而上涨。但是当消息公布或没有达到预期或仅刚好符合预期的情况下，便选择卖出平仓，造成卖事实。

如果消息超过预期或传言，这时候卖事实的投资者相对较少，同时由于新进买家拉抬金价，引起金价再次上涨。这种情况不会对黄金行情产生较大的影响，在数据公布前金价仅仅会小幅回落，后又会再次上涨。

那么，为什么投资者会选择卖事实？

当时很多投资者买入黄金凭的仅仅是传言，当消息确切公布后，他们发现消息并没有达到预期，则选择卖出获利。由于是集中性地大量卖出，并且都生怕卖晚了，导致金价快速下跌。

比如2012年12月12日，美联储货币政策会议发布声明表示将在原本每月购买400亿美元抵押贷款证券的基础上，再追加每月购买450亿美元国债。这一声明很显然意味着美联储新一轮宽松政策的推出。声明发布之后，黄金短线快速上扬，其间金价一度上探至1723.2美元/盎司，而在声明公布前6天金价为1692美元/盎司，即一周就上涨31美元/盎司。此为买消息。

但是由于市场此前早已预期美联储的此番动作，因此在短暂上扬之后，黄金随后出现持续下跌，12月最低至1636美元/盎司。此为卖事实。

消息面和技术面

黄金投资不是一个盲目冲动的短线行为，考验的是大家对消息面的判断和技术面的分析。

那么，黄金投资的消息面关注点有哪些?

一般包括以下几个方面：

第一，上一章讲了黄金受美元影响非常大，且各国央行也有一定的影响力，因此要关注全球重要的政策和会议，尤其是美国的，此外也要关注欧洲、亚洲各国央行及国际金融会议等。

第二，美国以及欧洲重要的数据统计与发布，比如美国非农、GDP、消费者物价指数等数据，尤其以非农就业报告和美国GDP就业报告为重，它们对金融市场的影响非常大。

第三，地缘局势，包括战争、地震、飞机失事、公投、分裂、合并等都会影响黄金白银的走势。

第四，国际大事，如奥运会、世界杯，国际组织会议，比如石油输出国组织会议。

国内投资者可以参考金十网、中金在线等网站获取以上相关信息，如果你英语足够好，也可以通过直接访问美国商务部、美联储、欧洲央行的官方网站等获得一手资料。

消息面是针对突发型的行情预测，说完消息面我们再看看技术面。

在平稳的环境下，技术面可以预测到的概率非常大，它能够更加有理有据地帮助我们得到可靠的数据进而做出更加理性的判断。但在绝对有影响力的消息面前，技术面往往失灵。

不管如何，消息面和技术面对于任何投资者来说，都是非常重要的，也不存在哪一个更胜一筹之说，都是黄金投资的必备技能。正所谓“知此而用战者必胜，不知此而用战者必败”。

02

各路英雄的“角逐战”

聪明人与朋友同行，步调总是齐一的。

——法国谚语

如果在网上搜索“黄金交易”的相关信息，总是会奇妙地出现一些这样的信息:“上海黄金交易开户”“××安全信誉平台，交易不设限制”“××贵金属，专业正规无滑点”“××贵金属，24小时双向交易，2小时出金”……名目繁多，也让人看得云里雾里。

他们是谁？要干什么？

其实，黄金投资市场并不孤独，充斥着各种各样的人群，他们与你我一样存在于这个体系，作用于这个体系。揭开他们的面纱，也必定会让我们对所处的投资环境及市场运作方式有一个更加清醒的认知。

黄金市场的参与者

黄金市场其实并不“太平”，它和其他商品一样，以买卖的形式让黄金在世界各地实现流通和转移。

从黄金供应来源看，主要有金矿开采、各国出售、国际性金融机构抛售、集团或个人出售几种形式；从黄金的需求看，主要有官方储备用途、工业用途、投资和投机等用途。在这样的供需关系中，国际性金商、银行、对冲基金等金融机构和机构法人、私人投资者、黄金期货交易经纪公司等各类“炒金客”，各行其道，各尽所能，一同维持、推进着市场的有效运行。

1. 国际性的金商

国际金商又可以称为做市商，最有代表性的就是伦敦黄金市场上的五大金行。由于这些金行和世界上各大金矿生产者及很多金商都有广泛的联系，而且下属的各个公司又与许多商店及黄金顾客有着直接联系，因此它们会根据自身掌握的情况不断地报出黄金的买价和卖价。因此，一定程度上来说，它们也会影响着金价的走势。

2. 银行

在黄金市场中，银行有两种参与形式：其一，自身并不参加黄金买卖，只为客户代行买卖和结算，起的是中介的作用，是黄金生产者和投资者之间的经纪人，以苏黎世的三大银行为代表；其二，将黄金买卖当作自营业务，比如新加坡黄金交易所内，就有多家自营商会员是银行。

3. 对冲基金[①]

对冲交易的方法有很多，如卖空、互换交易、现货和期货的对冲等。

近年来，国际对冲基金，特别是美国对冲基金活跃在国际金融市场的每个角落。在黄金市场上，几乎金价每次大的波动都与基金公司借入短期黄金，在即期黄金市场抛售的同时在纽约商品交易所黄金期货交易所构筑大量的淡仓有关。

现在，世界上一些规模庞大的对冲基金往往利用与各国政治、工商、金融之间千丝万缕的联系，较先捕捉到经济消息面的变化，利用其管理的庞大资金进行买空和卖空，这样就能加速黄金市场价格的变化，从中获利。

4. 各种机构法人和私人投资者

这类参与者是最广泛、最活跃的，包括专门出售黄金的公司，如各大金矿、黄金生产商、专门购买黄金消费的黄金制品商（如各种工业企业）、首饰行以及私人购金收藏者等，也包括专门从事黄金买卖业务的投资公司、个人

①对冲基金：指采用对冲交易手段的基金，也称为避险基金或套利基金。

投资者等，可以说种类多样，数量众多。

但是从对市场风险的喜好程度来看，又可以分为两类：一类是风险厌恶者，希望回避风险，对黄金保值，将市场价格波动的风险降至最低，包括黄金生产商、黄金消费者等；一类是风险喜好者，就是各种对冲基金等投资公司，希望从价格涨跌中获取利益，也为了获利而愿意承担市场风险。

5. 黄金期货交易经纪公司

黄金期货交易经纪公司是专门代理非交易所会员进行黄金交易，并收取佣金的经纪组织，有的交易所将经纪公司称为经纪行。在纽约、芝加哥、香港等黄金市场里就活跃着许多的经纪公司，他们本身没有黄金，也不卖黄金，只是派场内代表在交易厅内为客户代理黄金买卖，收取客户的佣金。现在，经纪公司已经被越来越多的投资集团和个人所认可，成为了黄金市场中很重要的一环。

03

全球黄金交易市场

地形有通者，有挂者，有支者，有隘者，有险者，有远者……凡此六者，地之道也；将之至任，不可不察也。

——《孙子兵法·地形篇》

任何人都知道，地形的选择在作战中至关重要。其实，在黄金投资中也是如此，不同地方的黄金市场就是我们投资作战所要选择的主战场。

今天，中国贵金属投资行业越发蓬勃，参与交易的人数也与日俱增，同时各种交易平台和经纪公司也相继冒出，眼花缭乱之际，往往也让我们无从分辨，到底谁可靠，到底谁权威。

那么，当今世界上最主要的黄金交易市场有哪些？

不同交易市场各有什么特点？

你所在的平台也包含在其中吗？

世界三大黄金交易模式

经过多年的发展，世界各大著名的黄金市场已形成了较为完善的交易方式和交易系统，且在各个黄金市场中，为黄金交易所提供的服务机构和场所各不相同，大体可以分为三类交易模式：欧式、美式和亚式。

1. 欧式

欧式没有固定交易场所的市场，以伦敦黄金市场和苏黎世黄金市场为代表。

比如，伦敦黄金市场，整个市场由各大金商及其下属公司组成，金商与客户之间进行电话、电传等方式交易；苏黎世黄金市场则由三大银行为客户代为买卖并负责结账清算。伦敦和苏黎世市场上的买家和卖家都是较为保密的，交易量也难于真实估计。

2. 美式

美式是在商品交易所进行黄金买卖业务，实际上是建立在典型的期货市场基础上，其交易类型类似于在该市场进行交易的其他种类商品，以纽约商品交易所和芝加哥商品交易所为代表。

期货交易所是一个非营利性机构，本身不参加交易，只是为交易提供场地、设备，同时制定有关法规，确保交易的公平、公正，对交易进行严格监控。

3. 亚式

亚式指有专门的黄金交易场所，同时进行黄金的现货和期货交易。交易实行会员制，只有达到一定要求的公司和银行才能成为会员，并且对会员的数量配额有着极其严格的控制，虽然会员数较少，但是信誉极高。以香港金银业贸易场和新加坡黄金交易所为代表。

比如，香港金银业贸易场，其场内会员交易采用公开叫价，口头拍板的形式来交易，由于金商严守信用，极少出现违规之事。

其实，以上各种交易所只是在具体形式和操作上有所不同，其运作的实质都是一样的，都是尽量满足世界不同黄金交易者的需求，为黄金交易提供便利。

国际七大黄金交易市场

当今世界上主要的黄金交易市场有英国伦敦、瑞士苏黎世、美国的纽约和芝加哥、中国香港、日本东京和新加坡，这些黄金交易市场在运作中各有特点。

1. 伦敦

伦敦黄金市场，已有300多年历史，是世界上最大的黄金市场，黄金供应者主要是南非。

1804 年，伦敦取代荷兰阿姆斯特丹成为世界黄金交易中心，1919 年伦敦金市正式成立，由五大金行（汇丰银行、丰业银行、洛希尔银行、德意志银行和共和银行）于每天上午和下午两次定出当日的金价，也就是金价定盘，其定价一直影响纽约和香港的交易。

伦敦黄金市场的交易制度比较特别，由于其没有固定的交易场所，交易的方式全凭各大金商的销售联络网完成。其交易会员由五大金商及一些公认的有资格向五大金商购买黄金的公司或商店组成"一级网络"，然后再由各个加工制造商、中小商店和公司等连锁组成"二级网络"，交易时由金商根据各自的买盘和卖盘，报出买价和卖价。同时伦敦市场的交易非常灵活，黄金的纯度、重量等都可以选择，若客户要求在较远的地区交售，金商也会报出运费及保费等。

一般买卖伦敦金的方式是不用现金交售，即可买入黄金现货，到期只要按照约定的利率支付利息就行了，但是这种情况下你不能获取实物黄金，其实本质上只是会计账上的一种数字游戏，直到你进行了相反的操作平仓为止。

2. 苏黎世

瑞士苏黎世黄金市场，它是第二次世界大战后发展起来的。

由于瑞士特殊的银行体系和辅助性的黄金交易服务体系，黄金交易环境自由、保密，加上 80% 的南非金被其获得，以及前苏联黄金也聚集于此，使其不仅是世界上新增黄金的最大中转站，也是世界上最大的私人黄金存储中心，其在国际黄金市场的地位仅次于伦敦。

苏黎世黄金市场没有正式组织结构，由瑞士三大银行：瑞士银行、瑞士信贷银行和瑞士联合银行负责清算结账，三大银行不仅为客户代行交易，而且黄金交易也是这三家银行本身的主要业务。

苏黎世黄金市场没有像伦敦金那样有金价定盘制度，在每个交易日任一特定的时间，根据供需状况议定当日交易金价，全日金价在此基础上波动不受涨跌停板限制。

3. 纽约和芝加哥

1977年后，美元贬值，美国人为了套期保值和投资增值获利，使得黄金期货迅速发展，纽约和芝加哥黄金市场便于此发展起来。

目前，纽约商品交易所（COMEX）和芝加哥商品交易所（IMM）是世界最大的黄金期货交易中心，对黄金现货市场的金价影响很大。

比如，纽约商品交易所本身不参加期货的买卖，只是提供一个场所、设施，并制定法规保证交易公正、合理进行。它对进行现货和期货交易的黄金的重量、成色、形状、价格波动的上下限、交易日期、交易时间等都有着极为详尽且复杂的描述。

4. 香港

香港黄金市场已有100多年历史。由于其优越的地理条件很快吸引了欧洲金商的注意，纷纷来港设立分公司，逐渐形成了一个无形的当地“伦敦金市场”，促使香港成为世界主要的黄金市场之一。

香港黄金市场在时差上刚好填补了纽约、芝加哥市场收市和伦敦开市的空档，可以连贯亚欧美，形成完整的世界黄金市场，主要由三个小市场组成。

（1）香港金银贸易市场，以华人资金商占优势，有固定买卖场所，主要交易的黄金规格为 99 标准金条，交易方式公开喊价，现货交易。

（2）伦敦金市场，以国外资金商为主，没有固定交易场所。

（3）黄金期货市场，其性质与美国的纽约和芝加哥的商品期货交易所的黄金期货性质是一样的。

5. 东京

东京黄金市场成立于 1982 年，是日本政府正式批准的唯一黄金期货市场。会员绝大多数为日本公司。黄金市场以每克日元叫价，交收标准的成色为 99.99%，每宗交易合约为 1000 克。

6. 新加坡

新加坡黄金所成立于 1978 年 11 月，目前时常经营黄金现货和 2 个、4 个、6 个、8 个、10 个月的 5 种期货合约，标准金为 100 盎司的 99.99% 纯金，设有停板限制。

当前，虽有七大黄金交易市场，但是基本是伦敦纽约双雄称霸的局面，同时不可忽略一点，中国的影响力与日俱增，我们不仅能够在本国买卖到黄金，也许未来“七大”会变成“八大”，值得期待。

04

中国黄金交易市场

大方无隅，大器晚成。

——《道德经·第四十一章》

曾经，“中国大妈”被套牢、金矿受严重冲击、黄金零售市场低迷……

一直以来，中国黄金市场价格也被称作伦敦、纽约市场的“影子”价格。同时，中国人均黄金的消费量也远远低于世界平均水平。

但是今天的中国有了“上海金”……

其实，任何的人事都是需要耐心的，在投资市场中更是如此，不仅需要时机，也需要坚守自己熟悉的领域，更不要期待奇迹的爆发，它是一个充满耐心和韧性的过程。

中国黄金市场历程

新中国成立后，政府对黄金实行统一管理、统收统配的政策，直到1993年，国务院63号函确立了黄金市场化方向，1993年也被称为黄金市场化元年；2002年，上海黄金交易所开业，标志着中国黄金开始走向市场化。

其实，2001年我国黄金市场进入全面开放发展阶段以来，打破了黄金市场进入壁垒，黄金交易主体不仅包括黄金生产、冶炼、加工、批发和进出口贸易等企业，从事自营及代理的金融机构，各类型的投资者也能自由进入黄金市场。中国黄金市场规模不断扩大。

2004年8月，上海黄金交易所Au（T+D）（即黄金现货延期交收业务）交易品种正式上市，交易迅速增长；

2007年，中国产金量达270.5吨，成为世界第一大黄金生产国；

2008年1月，黄金期货在上海期货交易所正式挂牌上市；

2009年，中国国家黄金储备达1054吨，居世界第五；

2010年，交易所黄金交易量突破6000吨，成为世界第一大现货黄金交易所；

2012年12月，交易所推出银行间交易及清算服务；

2013年，中国黄金消费首次突破1000吨，成为世界第一大黄金消费国，7月中国首批ETF（Exchange Traded Funds，交易所交易基金）问世；

2014 年，上海黄金交易所国际版推出；

2015 年，中国人民银行再次宣布增持黄金 604 吨；

2016 年，上海黄金交易所发布了“上海金”，是全球首个以人民币计价的黄金基准价格。

在综合了发达市场与先发的发展中市场的成功经验，中国已经建立了较为规范的黄金交易体系，并依靠中国黄金产量、消费量和进口量全球第一的实体基础，借助自身金融改革的东风，人民币“上海金”定价机制的推出，将有助于中国打造黄金国际定价的“第三极”，进一步提升中国黄金市场资源配置效力。

那么，在中国黄金市场目前都有哪些黄金投资渠道呢？

中国黄金投资渠道

1. 上海黄金交易所

上海黄金交易所是国内成立最早、影响最大的黄金交易所，产品涵盖主要贵金属品种，有两种交易方式：一种是标准黄金的交易通过集中竞价方式进行，实行价格优先、时间优先撮合成交；另一种是非标准品通过询价等方式进行，实行自主报价、协商成交。会员可自行选择通过现场或远程方式进行交易。

截至 2017 年年末，上海黄金交易所有会员 253 家，其中国内金融类、综合类共 165 家，特别会员 19 家，国际会员69家；机构客户12269户，个人客户931.22万户。国内会员单位年产金、用金量占全国的90%，冶炼能力占全国的95%；国际会员均为国际知名银行、黄金集团及投资机构。

2. 上海期货交易所

上海期货交易所于2008年推出期货黄金，发展至今，其与上海黄金交易所成交量一同成长壮大，两个市场相得益彰，互为补充。

3. 银行账面黄金投资

目前各大商业银行基本都有各自的账面类黄金投资业务，尤其以纸黄金为代表。

同时商业银行承担了现货黄金交易代理商和做市商的职能，这种银行黄金做市商制度，银行报出买卖价格，充当所有买家的卖家，也充当所有卖家的买家，可以弥补目前我国现有交易模式的不足，促进黄金市场更多的流动性。不足的是银行类黄金投资产品之间名称、交易时间段、计价方式、计算货币、交易起点等没有统一的规则制度。

4. 投资金条与金币

（这一内容下一章的第一节会详细讲到）

尽管目前中国黄金市场与国外成熟的市场相比还有很大的差距，但是作为正在融入全球黄金市场的一个发展迅速的新兴市场，它的潜力是巨大的，对世界的影响力也在不断地加强。而对我们个人投资者来说是一件天大的好事，其简单、便利，符合中国国情，使得我们在“家”就可以“炒”黄金。

黄金笔记

黄金市场是一个世界性的错综复杂的体系，理不清其中的关系，便会成为投资的无头苍蝇。

那么，通过这一章的介绍，

哪些会成为你投资的主战场？

哪些是你不得不注意的人和机构？

你会考虑作战中国黄金市场吗？为什么？

CHAPTER 4 | 第四章

世界性的投资工具

“一生二，二生三，三生万物”，古代先贤早已为我们道出了这个世界的秘密。黄金也在人类历史上历经了这样从“一”到“三”的过程，各大衍生品和实物黄金一同构成了当今的国际黄金市场，使黄金演变为既是实物投资，也是“符号”投资，成为了一种世界性的理财工具，且每一种黄金产品各有侧重点，各有操作技巧。

GOLD KNOWS THE ANSWERS

01 三大“实物金”投资套路

> 他要像一棵树栽在溪水旁边，按时候结果子，叶子也不枯干，凡他所做尽都顺利。
>
> ——《圣经·诗篇》

这几年伴随着黄金价格的持续走高及相关管制条例的逐渐松绑，实物黄金投资在国内逐渐走俏。加上黄金价格虽然一路波动，但从2015年年末的最低1073美元到2016年年中的1350美元再到现在的1350美元左右，基本是一路上扬，可以说现在是投资实物黄金的好时机。

其实，实物黄金在目前的金融市场来说是一种相对稳健的投资，虽然金条、金币、金饰三大实物金在制造材质、定价机制、销售机制、交易机制等都有不同，但其交易历程就像一棵树一般自然成长着，我们要做的就是戒骄戒躁地持续进行这种投资行为，静等开花结果。

金条

金条包括金砖、金块、金条、金锭、金片等，例如国内投资者最熟悉的瑞士金条、金元宝。它具有价值变化微小、流动性较强、变卖性较高等优点，但是也有投资成本高、占资体量大、流转周期长、维护成本相对较高等缺点。

比如，为了保障投资者免于购入成色不足的黄金金条，100 盎司以下的金条及零碎的金粒、金条须为熔金所打造，投资者要支付打造的费用；相反，若原块购买标准重量的 100 盎司金条或 400 盎司金条，由于本身未经打造便出售，其售价与黄金现货价相同，无须打造费用。不过，无论购买大小金条都要附加 0.5% 至 5% 的佣金，如果购买黄金的体量较大，后续还会有运输、存储等安全附加费。当投资者达到预期想要回购给承接商，虽然赎回总量耗损小，但赎回成本并不算低。比如，中国银行回购会根据克重当天赎回金价价格进行核算并扣除其 10% 的交易费用。

和金币、金饰相比，金条本身没有任何特别昂贵的铸工和设计费用，是黄金投资中最稳健的黄金商品，结合它自身的交易特点，比较适合高净值长线投资者，有利于资产保值、增值，优化资产资源配置。而对于投资作风较为保守的投资人士，金条也是一个好选择。

金币

金币分为两种：流通性金币和纪念性金币。

流通性金币是用黄金做的金币，具有流通性，有投资价值，也称为投资型金币，例如国内常见的美国鹰扬金币、加拿大枫叶金币、澳洲鸿运金币等。

纪念性金币也是黄金钱币的一种，通常是为了特定目的或某一事件而印制、发行的有纪念性质的金币，如生肖金币。纪念性金币除去黄金本身的价值，还因限量稀缺性成为被人收藏并具备投资价值的产品。

金币虽然跟金条一样具有保值、增值的功能，但是与金条相比，金币是“工艺品”，带有工艺属性，其最大的价值在于收藏，其次才是投资，变现起来非常不方便，同时它的价格波动很大，不适合做短期交易。其最大的好处是流动性非常强，不仅被广泛认同和接受，也可以随时在金行、银行等地方出售。

需要注意的是，在考虑买金币时，应注意价格、发行主体、制作工艺、铸造机构、是否限量发行、是否回购等因素。

金饰

金饰是指用黄金打造的各种首饰、有纪念性的黄金徽章及其他具有艺术性的金制品等，而其原材料黄金则称为饰金。

饰金的价格是由金银首饰业商会，依照每日的金价行情而订定。金行或金饰商人买入饰金后，要经过设计、铸造等工序，才会将一块块黄金变成可以佩戴装饰的金饰。因此金饰的价格除了重量外，还会加上手工价、店租与其他销货成本，一定会比金条价格来得高。

与金条、金币相比，金饰的投资意义比较小，主要是实用，比如美观、流行、装饰，更大程度上属于消费品。当然也可以变现，如果低价买高价卖便可以赚取差价，对一般小额投资者来说，也有一定的保值、增值功能，但是对于专业的投资者来说，没有太大的投资价值。

对于投资者来说，实物黄金投资最重要的是，看清形势，耐心等待。

实物黄金的投资并不单单为了赚取差价，很多人也会考虑避险、增值等因素。而金价的波动往往具有很多的不确定性。

投资人必须具备战略眼光，不管其价格如何变化，不急于变现，不急于盈利，看准金价趋势，选择合适买点介入金市，做中长线投资。而对于注重资金机会成本的投资者，仅持有实物黄金并不能产生任何收益。

同时黄金是世界性市场，可规避操纵市场的可能性，投资风险较低，因此如果日常工作忙碌，又有充足的闲置资金，最好投资实物黄金，将黄金存入银行保险箱中，做长期投资。特别是对于一些高净值投资者，可以长期定量投资实物黄金，从而达到资产保值增值、优化资产配置的目的。

那么，是不是说没有闲置资金就不能玩黄金了？非也！当今的市场已经有很多黄金投资衍生品，比如纸黄金。

02

“纸黄金”的秘密

花非花，雾非雾。夜半来，天明去。来如春梦几多时？去似朝云无觅处。

——白居易《花非花》

黄金、白银等贵金属价格一路攀升，银行也相继推出了相关的衍生产品，比如纸黄金业务，并且纸黄金也成了当下最火热的投资项目之一。

然而，纸黄金毕竟不是黄金，它是一种获利投资行为，更多地仰仗市场的行情，充满着不确定性和波动性，更多地考验的是我们的投资心态。认识纸黄金的本质，明白其“来去自如”的天性，不贪不躁，坦然、豁然待之，方是制胜之道。

纸黄金是一种“虚拟”黄金

纸黄金是一种个人凭证式黄金，是投资者按银行报价在账面上买卖的“虚拟”黄金。个人通过把握国际金价走势，低吸高抛，赚取黄金价格的波动差价，其交易只在个人预先在银行开设的“黄金存折账户”上体现，没有实物黄金的提取和交割。

目前我国四大银行除了农行外，其他三家都开设了纸黄金业务：中国银行“黄金宝”、工商银行“金行家”和建设银行“龙鼎金”。

纸黄金是对实物黄金交易的一次“革命”

和实物黄金相比，纸黄金似乎更有优势。

首先，纸黄金投资门槛低。根据国际黄金现价，每手10克约1700元就可以交易了，是刚进入黄金投资市场的投资者的最好选择。

其次，纸黄金价格较低。它是黄金的“工厂价格”，而实物黄金则是包含了运输、设计、存储、税收等方面之后的价格，所以实物黄金通常比纸黄金贵50～70元/克。同时，实物黄金变现需要鉴别、折旧、手续等成本，所以中间回收的价格要比市场价格低20～30元/克，而纸黄金没有实物，不存在折旧等成本，手续费只有0.8元/克。

再次，交易时间不一样。纸黄金与国际金价挂钩，采取 24 小时交易模式。国内的夜晚，正是欧美的白日，即黄金价格波动最大之时，为上班族理财提供了充沛的时间。

最后，交易模式不一样。纸黄金提供了美元和人民币两种交易模式，省去了投资实物黄金的不便，同时随买随到账，便于做日内交易，比国内股票市场多了更多短线操作的机会。

此外，中国银行的纸黄金报价在同业之中最具有优势，较小的双边点差可以为投资人获得更多的收益机会。

所以，纸黄金的投资性价比要高于实物黄金，但是它只是纸上交易，本质上是我们和银行对赌黄金升值还是贬值，没有太大的避险保值功能。如果只为投资，可进行中短期操作，但需要更多的专业知识。

纸黄金的交易策略

纸黄金交易实行的是单向低价买进高价卖出的操作，因此投资者会损失一些投资机会和收益机会。同时纸黄金的交易资金是全额的交易，没有采取杠杆机制进行放大操作，虽然能够让投资者降低亏损风险，但也限制了投资者的收益，很多人还会因小的亏损在投资中降低风险的警惕性，选择等待的股票式操作习惯，也会影响纸黄金收益。

因此，在进行纸黄金的投资时，要注意使用投资策略和投资技巧。

1. 注意交易时机

根据金价走势，选择合适的机会买入卖出。对于市场交易能力不是很突出的投资者，季节性交易计划是比较简单的投资策略。一般来说，印度上半年 4 月是结婚高峰期，黄金首饰需求大，下半年 9 ~ 11 月有很多宗教节日，黄金需求也较大；中国黄金需求主要是下半年的 9 月到春节前后；西方国家的黄金需求则是在圣诞节前后。因此，投资者可以优先考虑在淡季的 6 ~ 9 月时逐步逢低买进，在需求旺季 10 月至次年 4 月逢高卖出。

2. 控制节奏

纸黄金虽是“虚拟”黄金，但是其价格走势完全遵循国际金价走势，因此也受美元指数、政治、黄金供需等因素的影响，一个成熟的投资者会懂得控制自己的交易节奏，设定好自己的预期，并根据市场走势，判断当前的市场情况，挑选最恰当的交易区间。

当然，在连续的交易过程中，我们对市场走势的判断很难保持一直正确。一般来说出现一两次判断失误，影响不大。但是如果接二连三地出现判断错误，这时最好停止交易，离场休息，然后重新审视市场的变化，这样才可能重新拥有清醒、清晰的市场判断力。

3. 把握好时机

市场多数的投资者都会错过 70% 的行情，这是非常正常的现象，不要以为每个波段都必须进行交易，因此一定要冷静、放松，寻找那些可见的交易机会，不要奢望拿到每一分的利润，同时，冷静地选择好离场的时机。

03

保证金交易“预约”黄金

世界上有两根杠杆可以驱使人们行动，利益和恐惧。

——拿破仑

小张明天要从小王处买100万元的货，并给了2万元做保证金，然后在明天来临之前，小张把100万元的货120万元卖给了别人，这样他就赚了18万元。相当于他用2万元撬动了100万元，并通过差价获得收益，这就是杠杆的力量！

很多金融衍生品都与这个规律类似，都是以一定比率的保证金撬动大资金，同样黄金投资也衍生出了类似的投资产品——保证金交易！

其实，探其本质，在投资市场，对于利益的追求，我们不惜“以小博大”；对未知的恐惧，让我们“套利保值”，黄金保证金交易也是基于这样的心理动机而得以发展、操作。

什么是黄金保证金交易

黄金保证金交易是指在黄金买卖业务中，市场参与者不需对所交易的黄金进行全额资金划拨，只需按照黄金交易总额支付一定比例的价款，作为黄金实物交收时的履约保证。

比如，通常我们想要买1盎司的黄金，需要支付市价同等的价格才能购买，但是保证金交易并不需要我们交付全部的金额，可以按照一定的杠杆比例，缴纳保证金就行。以100倍杠杆的账户为例，此时如果1盎司的黄金是1000美元的话，由于杠杆的作用，我们购买1盎司的黄金只需要支付10美元的资金，这个10美元就是我们所称的保证金。

由此可以看到，黄金保证金交易具有实物黄金和纸黄金不可比拟的优势，其资金使用被充分地放大，使投资门槛降低；而且可以不受限制地随时买卖，既可以先买后卖，也可以先卖后买，在金价涨跌中皆可获利；由于黄金市场是个世界市场，可以24小时连续交易，并且各个国家的商业银行都参与其中，交易量巨大，不可能人为来操纵金价变化，因此吸引着全球投资者的参与。

目前市场上既有黄金现货保证金交易，也有黄金期货保证金交易。

黄金现货保证金交易：Au（T+5）和 Au（T+D）

1. Au（T+5）

T 是指交易期限，也可以理解为你发出交易指令的当天。T+0 是随时可以买卖，T+1 是第二天才可以买卖，同理 T+5 便是 5 个交易日后才能进行买卖。

Au（T+5）就是实行固定交收期的分期付款交易方式，交收期为 5 个工作日（包括交易当日）。买卖双方以合约总金额 15% 的保证金确立买卖合约，合约不能转让，只能开新仓，到期的合约净头寸[①]即相同交收期的买卖合约差额计算后的头寸必须进行实物交收。如买卖双方一方违约，则必须支付另一方合同总金额 7% 的违约金，如双方都违约，则双方都必须支付 7% 的违约金给黄金交易所。

2. Au（T+D）

“D”是“Delay”（延期）的首字母。

①头寸：指投资者拥有或借用的资金数量。净头寸指交易商在市场上所持的多头与空头头寸的差额。比如一交易商卖出 100 份合约，买进 80 份合约，其净空头头寸即为 20 份合约；假如他卖出 120 份合约而买进 150 份合约，则其净多头头寸为 30 份合约。

Au（T+D）就是以保证金的方式进行的一种现货延期交收业务，买卖双方以合约总金额10%的保证金确立买卖合约，可以不必进行实物交收，买卖双方可以根据市场的变化情况，买入或者卖出以平掉持有的合约。但是，在持仓期间将会发生每天合约总金额万分之二的递延费。如果买卖双方选择实物交收方式平仓，则此合约就转变成全额交易方式。在交收申报成功后，如买卖双方一方违约，则必须支付另一方合同总金额7%的违约金；如双方都违约，则双方都必须支付7%的违约金给黄金交易所。

黄金期货

期货指在一个确定的将来时间按确定的价格购买或出售某项资产的协议。期货合约的签订双方都负有到时必须执行合约的义务。

所谓黄金期货，是指以国际黄金市场未来某时点的黄金价格为交易标的的期货合约，投资人买卖黄金期货的盈亏，是由进场到出场两个时间的金价价差来衡量，契约到期后则是实物交割。

1. 黄金期货 PK Au（T+D）

黄金期货和Au（T+D）有相同点：

（1）保证金方式交易，以小博大。

（2）均可双向交易，买涨买跌亦可。

（3）都是 T+O 交易，随时买随时卖。

（4）这两种金融衍生品都可交割实物。

（5）都有涨跌停，Au（T+D）是 7%，黄金期货是 6%。

二者的不同点是：

（1）交易渠道：Au（T+D）是上海黄金交易所 2005 年推出的；黄金期货是上海黄金期货交易所 2008 年推出的。

（2）交易时间：Au（T+D）全天 10 小时交易时间（多了夜盘即晚上交易时间段）；黄金期货全天 4 小时交易时间。

（3）目前开户：黄金期货在期货公司便可以做；Au（T+D）只可以去银行或者金交所下属的结算中心。

（4）收割制度：黄金期货到了时间不管你赚钱还是亏钱，你都必须交割；Au（T+D）可以无限期地持有。

但是不管有着何种的不同，黄金期货和黄金现货保证金交易作为实物黄金的履约保证，都具有两大功能。

（1）套期保值[①]。黄金套期保值，是金商为了规避未来金价不确定性变动带来的市场风险而采取锁定风险或锁定收益于当前值的市场操作手法。这个功能在现货交易和期货交易中都可实现。

---

①套期保值：俗称“海琴”，又称对冲贸易，是指交易人在买进（或卖出）实际货物的同时，在期货交易所卖出（或买进）同等数量的期货交易合同作为保值。它是一种为避免或减少价格发生不利变动的损失，而以期货交易临时替代实物交易的一种行为。

（2）投机获利。由于保证金交易具有较高的杠杆作用，从而也成为投资者投机获利的工具。

需要注意的是，黄金保证金交易是一把双刃剑，它不需要占据大量资金，只需一定比例的保证金作为实物交割的担保，确实减轻了投资者的资金压力，但是往往也伴随着很大的风险，如果投资者盲目地将套期保值数量投机性地放大，一旦决策失误，就会造成重大亏损。毕竟杠杆的力量是巨大的，其反噬力量也不可小觑。

04

黄金股票≠黄金

只有光，没有热的火花，切不能当作真火！

——莎士比亚《哈姆雷特》

在股市中，有一个特殊的存在——黄金股票。很多人在黄金投资选择时，也会遇到它。

那么，披着黄金外衣的它到底是什么？

拥有了它，是不是就相当于拥有了黄金？

它被冠上“黄金”字眼，和黄金有着怎样的渊源？

我们的世界总是这样：总有一些似是而非的东西充斥着我们的眼睛，让我们迷乱和盲从。因此在追逐之前，先要擦亮我们的双眼，认识它、识别它，认清楚它到底是否是我们的所需。

黄金股票本质是股票不是黄金

黄金股票是股票市场中的板块分类，就是黄金公司向社会公开发行的上市或不上市的股票，所以它的本质是股票。但是它的主要投资对象是与黄金生产息息相关的黄金生产商，是黄金投资的一种延伸品，因此也算是间接投资黄金。

比如，磐泥黄金股票，它是那些还未被开发证实的股份公司根据所拥有的可能含有金沙成分的河床或矿金成分的山地发行的股票，也就是说，投资磐泥股票就是投资那些未经证实、过去没有生产记录的金矿公司的未来，风险性很大，但是如果一经证实该公司所置有的地下确有金矿，其收益也是惊人的。

目前国内 A 股市场上有中金黄金、山东黄金、紫金矿业三支黄金股票；有荣华实业一支磐泥黄金股票。

由于买卖黄金股票不仅是投资金矿公司，而且还间接投资黄金，因此这种投资行为比单纯的黄金买卖或股票买卖更为复杂。投资者不仅要关注金矿公司的经营状况，还要对黄金市场价格走势进行分析。

金价走势是关键

黄金公司的业绩直接由金价走势决定，金价走高，黄金公司的业绩就会提高，相应地，黄金股票价值和价格也会提高；反之，金价走低，黄金公司业绩就会下滑，黄金股票的价值和价格也会下降。

另外，股票市场属于虚拟资本，弹性很大，因此黄金股票价格的弹性要大于黄金价格的弹性，也就是说黄金价格上涨，黄金股票的价格涨幅会比黄金价格涨幅大，黄金价格下跌，黄金股票的价格跌幅要小于黄金价格的涨幅。因此黄金股票投资者除了要进行股票市场的常规操作外，一定要密切关注并分析黄金价格走势。

一般来说，从长期看，金价依然有走高的趋势，但是黄金价格则会随时调整和波动，由于黄金股票价格弹性比较大，短期内金价的波动也会对黄金股票产生较大的影响。因此，对于不同的投资者来说，投资策略是不一样的。长期投资者要充分分析黄金价格的长期走势，不因短期的金价波动而恐慌；短期投资者，要密切关注黄金价格走势，随时调整自己的仓位。

需要注意的是，黄金股票的本质是股票，和股票一样具有高风险高收益的特点。所以说，入市有风险，投资一定要谨慎。

05

黄金基金是一种新兴投资

借芦苇的摆动我们才认识风，但风还是比芦苇更重要。

——法国作家　纪德

2003年3月，全球的第一只黄金ETF（交易所交易基金），也就是黄金基金，在澳大利亚的证券交易所推出。

2011年年初，诺安基金管理有限公司推出了国内第一只黄金基金——诺安全球黄金基金。

在诺安全球黄金基金取得极大成功之后，国内第二大基金公司嘉实基金也快速跟上，推出了投资国外黄金ETF的新型基金产品——黄金甲。

2013年，国内首批黄金ETF基金产品——国泰黄金

ETF 正式发行。

……

黄金基金已成功抢滩全球金融市场，尤其在境外市场异常火爆，但因国内起步较晚，国内投资者对此知之甚少。

现实生活中，芦苇能够让我们感受到风的存在，但是芦苇仅仅是表现，风才是潮流和动力。当今的黄金市场中，黄金 ETF 就是被黄金这股风吹动的芦苇，透过这片芦苇，我们看到“风生水起”，也许应该趁势而为。

黄金基金是黄金的证券化交易

黄金基金也称黄金 ETF，它是由大型黄金生产商向基金公司寄售实物黄金，随后由基金公司以此实物黄金为依托，在交易所内公开发行基金份额，销售给各类投资者。通常每个基金单位等于 1/10 盎司黄金。

目前全球最大的黄金 ETF 是 SPDR，它分别在美国、新加坡、日本和香港上市，在这四个证券交易所进行买卖。SPDR 黄金 ETF 是在 2004 年 11 月才开始在纽约进行买卖的，截至 2018 年 1 月底，黄金持仓量达 849 吨之多。

黄金 ETF 能够投资市场脱颖而出，有其自身的优势。

1. 黄金 ETF 等于安全便利地持有黄金

黄金 ETF 的资产就是黄金，投资者购买的每份黄金

ETF份额均有实物黄金保证，持有黄金ETF等于持有黄金的财务权益，同时又省去了真正持有实物黄金的麻烦。

2. 成本效益优秀

投资实物黄金是以银行或金商作为交易对手，交易是按照这些机构的报价来执行，买卖的差价较大。而黄金ETF是以股票的形式买卖，以其他投资者为交易对手，因此买卖差价较小。成交后，也只是按照股票的形式缴纳买卖手续费，因此投资黄金ETF的成本效益较实物黄金买卖优秀。

3. 市场流通性高

投资黄金ETF，投资者可以不受中介公司的限制，可以在较大和透明度较高的股市平台上买卖或放置价盘，因此形成了一个流通性很大的市场。

虽然黄金ETF在产品设计、买卖流通性和资金安全性上对投资者有较大的吸引力，但我们要明白和理解黄金ETF本身的营运成本会影响黄金ETF的资产净值，从而降低我们所持有的黄金ETF价格。

黄金ETF的营运费用主要包括基金管理人的管理费用和基金信托人的信托费用。比如香港上市的SPDR黄金ETF，其基金网页上所标示的基金营运成本，每年是基金资产值的0.4%。

另外，黄金ETF会将所有基金名下的资金全数买入黄金实物，因此，当每年要从基金扣除这笔费用时，基金只能将其部分信托所持有黄金实物卖出套现，以此来支付给基金管理人和基金信托人。

对金价的影响

黄金 ETF 除了买卖黄金作持有外，不会进行其他的投资，其黄金权益属于基金持有人，基金管理人只是扮演一个信托人的角色，以信托的方式去存放和管理基金下所持有的黄金。

同时，黄金 ETF 的存放方式和一般非指定账户不同，它是指定账户的方式处理。

非指定账户是类似一般银行的资金账户，客户将来提取的并不是原来指定的金块，只需要提取相同的黄金数量就可以，因此银行可以利用这些黄金实物做资金方式的运营；而黄金 ETF 在现货市场买入后，黄金存放在大型银行，但是这些黄金是被“指定”的，将来客户所要提取的是存入的“原金”，银行只能原封不动地保存，不能用这些黄金做资金方式的运营。

正是因为这种不能被银行运作的存放方式，黄金 ETF 在市场买入黄金后，抽紧了黄金市场的黄金流通性，会对黄金价格产生影响。因此很多投资者将黄金 ETF 的持仓变化视为金价的走势风向标，特别是 SPDR 的持仓量备受关注。

从一定程度上讲，SPDR 增仓意味着对黄金后市看多，减仓则意味着看空。但是如果说黄金 ETF 的增减仓会影响到金价的波动就片面了。

当今，主流的黄金 EFT 都是开放式的信托模式，金价走势是其最大的风险，如果投资者买入黄金 ETF 的速度超过了黄金购买的速度，则会导致黄金 ETF 的价格超过黄金的价格，从而失去金价追踪的作用。为了消除这种“过剩”的购买力，基金保管人通常会发行新的 ETF 份额，将筹集的资金来购买实物黄金，并使用这个机制将股市资本分流到实物黄金中，这反映在 ETF 持仓量的增加上。

所以说，片面认为黄金 ETF 影响金价的表现显然不够准确，因为黄金 ETF 需求不等于黄金投资需求，它持仓量的变化对金价的影响是一种传导效应的体现，而非直接作用于黄金价格。

因此，定期观测 ETF 持仓量的变化可以为我们分析黄金价格走势提供一定的参考，但不起决定性的作用。

06 不打无准备之仗

> 知者不惑，仁者不忧，勇者不惧。
>
> ——《论语·子罕》

股市探底，期市急调，债市平淡——环顾投资理财市场，唯有黄金一枝独秀。

然而任何的投资都有风险可言，任何的投资也都有套路可遵循，如果在不熟悉黄金投资套路的基础上，盲目进军黄金投资市场，必然会被其“反套路”。

那么，黄金市场的套路到底是什么？

有哪些理论或技术是我们必须了解和掌握的？

道琼斯理论

道氏理论是所有市场技术的分析鼻祖，尽管它曾被批评“反应迟钝”，但是现在市场分析依然离不开它，并依旧被大多数人所推崇。

道氏理论主要应用于股票市场，但与其他的技术分析理论一样，是根据价格模式的研究来推测价格行为的一种方法，也可以根据不同市场的不同特性，适当调整后应用于各个投资市场。

道氏理论认为，股票市场的运动有三种趋势：基本趋势、次级趋势和短期趋势。

1. 基本趋势

基本趋势即从大角度来看股票上涨和下跌的变动，能够反映股价广泛的全面性上升或下降。通常情况是，当一个上涨的水准超过前一个高点，每一个次级的下跌其波底都会比前一个下跌的波底高，整体趋势还是上升的，便会形成多头①市场；但是如果每一个终极下跌导致价格到了更低的位置，并且接下来的弹升也无法将价位拉至最高

①多头：是指投资者对股市看好，预计股价将会看涨，于是趁低价时买进股票，待股票上涨至某一价位时再卖出，以获取差额收益。

点，其整体趋势是下跌的，便会形成空头[①]市场。

一般长期投资者会将基本趋势作为技术分析的主要对象，根据市场的不同表现买入或抛售股票，而次级下跌和短期变动则往往不是他们关注的重点。但对于那些经常性交易的投资者来说，次级变动就显得尤为重要了。

2. 次级趋势

次级趋势是与基本趋势做反向运动的一种逆行行情，并对基本趋势起到牵制的作用，因此也被称作修正趋势。它在多头市场中显示的是一种中级下跌或“调整”行情，在空头市场则是一种中级上升或反弹行情。其下跌或上升的幅度一般为股价基本趋势的三分之二或三分之一，持续时间通常保持在 3 个星期左右。

3. 短期趋势

短期趋势，就是短暂的波动，通常反映的是股价在几天之内的变动情况，持续时间一般少于 6 天，最长不会超过 3 个星期。尽管短期走势对投资者来说意义不大，唯有交易者才会随时考虑它。但是正是由于一连串或几个短期变动才组成了次级趋势和基本趋势。

① 空头：是指虽然当前股价相对较高，但是投资者对股市前景不看好，预计股价将会下跌，于是趁相对高价时卖出股票，待股票下降至某一价位时再买入，以获取差额收益。

艾略特波浪理论

艾略特波浪理论是技术分析最常用的一种工具，由技术分析大师拉尔夫·纳尔逊·艾略特发明。

艾略特利用道琼斯工业指数平均作为研究工具，发现不断变化的股价结构性形态反映了自然和谐之美。根据这一发现，他总结出了市场的 13 种形态或称为波，在市场上这些形态会重复出现，但是出现的时间间隔及幅度大小并不一定具有再现性。而后，他又发现这些形态可以连接起来形成一个更大的图形，他就又由此提出了一系列权威性的演绎法则用来解释市场的行为，于是，久负盛名的艾略特波浪理论就诞生了。

在艾略特理论中，不管是多头市场还是空头市场，市场走势会不断重复一种模式，每一周期由 5 个上升浪和 3 个下跌浪组成。其中，第 3 浪可能是最长的，即上升时升幅会最大，下降时跌幅也会最大。

波浪理论最大的价值表现在其普遍性和精确性，不仅在有关人类活动的很多领域中可以运用到它，在确认及预测走势的变化上，其精确效果更是让人叹为观止。这是其他分析方法难以望其项背的。

K 线技术分析

K 线图最早是日本德川幕府时代的米市商人用来记录米市行情与价格波动的图形的，因其方式细腻独到，后被引入股市及期货市场。由于这种方法绘制的图表形状颇像一根蜡烛，加上有黑白之分，便也可称之为阴阳线图表。

股市及期货市场中的 K 线图包含四个数据，即开盘价、最高价、最低价、收盘价，所有 K 线的绘制都是围绕这四个数据展开，反映大势的状况和价格信息。

以绘制日 K 线图为例：第一步，确定开盘价和收盘价，将它们之间的部分画成矩形体，如果收盘价高于开盘价，则 K 线为阳线，用空心的实体表示，反之则为阴线，用黑色实体表示（现在很多软件都可以用彩色实体来表现阳线和阴线，在国内，红色表示阳线，绿色表示阴线，但在欧美正好相反，绿色表示阳线，红色表示阴线）；第二步，用较细的线将最高价和最低价分别与实体连接，其中最高价和实体之间的线称为上影线，最低价和实体之间的线称为下影线。

用同样的方法我们可以绘制一分钟 K 线、一周 K 线、一个月 K 线……通过 K 线图能够把某一周期的市场行情完全记录下来。

而我们之所以研究 K 线图，是因为可以从 K 线的形态判断出交易时间内的市场行情，从而对市场做出看好

（涨）还是看空（跌）的判断。

K 线是一种特殊的市场语言，不同的形态有不同的含义。

光头光脚阳线、大阳线：强势上涨，后市看好。

光头光脚阴线、大阴线：强势下跌，后市看空。

光头阳线：较强势上涨，但空方开始反击。

光头阴线：较强势下跌，但多方开始反击。

光脚阳线：涨幅不大，已遇到空方反击。

光脚阴线：跌幅不大，已遇到多方反击。

上吊线、锤子线：表示遇到过激烈的反击，后市有变。

流星线、倒锤子线：表明行情正处于混乱不明的阶段，如果连续出现此形态，可作为判断市场方向调整甚至转折的信号。

小阳线、小阴线、十字线：行情疲软，后市的涨跌无法预测，此时要根据其前期 K 线组合的形状以及当时所

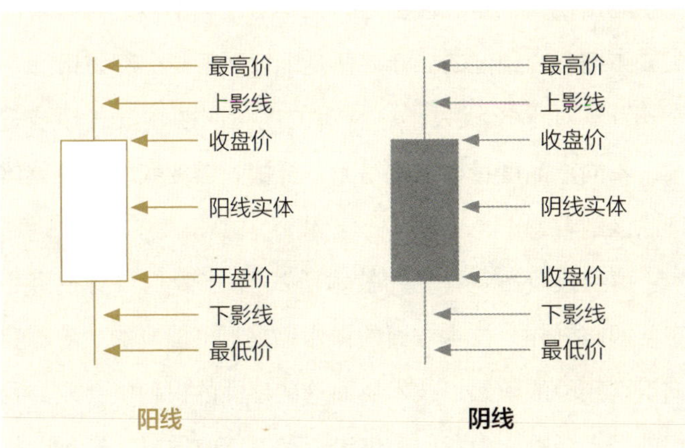

处的价位区域综合判断。

长十字：和十字的意义一样，只是疲软和僵持的程度更剧烈。

墓碑线：开盘高于上一交易日收盘价的上扬市场缺口，它会走到一个新高点，然后失去力量在接近最低价的位置收盘，这是一种熊市势头。

一字线：反映出市场成交清淡，后市难有大的变化，但如果出现在涨停（跌停）处，则表明买卖双方力量悬殊太大，后市方向明确，短期难以逆转。

总体来说，阴线实体越长，越有利于下跌，阳线实体越长，越有利于上涨；影线相对于实体来说，如果非常小，则可以等同于没有，如果指向一个方向越长，则越不利于市场价格今后向这个方向变动，如果上下影线差不多长，说明多、空双方争夺剧烈，最后持平，后市不确定；十字星出现往往是过渡信号，但不是反转信号，只是暂时失去方向感，稳健的操作方法是继续观察一个交易日。

当然对于K线大小、长短的度量问题，没有标准答案，不同产品度量标准都是不一样的，需要我们依照具体产品区别看待。

黄金投资毕竟是个“技术活”，除了我们自身投资心态要调整好外，技术方面的操作也是不可偏废的。随着我们识别经验的积累，技术层面这些感性的识别就会成为我们的个人经验，为我们提供出市和入市的凭据。

黄金笔记

这个世界上好的事物有很多，但适合自己且自己能够把握的往往就那么几种。同样，在当今黄金投资产品日益丰富的今天，贴近我们自身情况、适合我们投资的往往也就那么几种。

那么，通过本章的分析，哪一种投资产品最合你心意？

你将如何规划自己的投资组合方式、制订合理投资方案？

哪些又是你必须掌握的投资技巧？

CHAPTER 5 | 第五章

“互联网 + 黄金”新玩法

互联网是 21 世纪人们无法回避的一个词，它对金融秩序的冲击也是极大的，但带给黄金市场的是机遇与挑战并存。在从事互联网黄金交易时，要摸透互联网金融的运作模式，享受便利的同时注重投资安全。

GOLD KNOWS THE ANSWERS

01

让“马”跑到圈外去

不敌挡我们的，就是帮助我们的。

——《圣经·马可福音》

2017年，对于黄金投资者来说的一个大福利就是——微信也能买黄金了！

其实，不仅仅腾讯，一些银行的微信端也推出了“微黄金”功能，客户只需关注公众号，就可通过微信银行购买多款黄金和白银饰品。

互联网时代，黄金投资这匹高贵的曾经只是圈禁在银行、交易所的“马”早已纷纷跑到了圈外，出入寻常百姓家，颠覆着传统黄金理财模式，为我们带来了许多理财“福利”。

互联网金融颠覆黄金理财传统模式

自古以来，尽管黄金的保值避险价值备受青睐，被誉为世界金融的“稳定器”和“安全阀”，但是“专业”的投资渠道和产品类型的单一，促成了传统黄金投资理财“买金难、卖金难、存管难”的三大痛点。对于很多人来说，黄金投资不过是“可远观而不可亵玩”，严重限制了黄金产业的发展。

但是今天，互联网科技与传统黄金产业高度融合，互联网黄金理财彻底颠覆了延续数千年来的传统黄金投资模式。

1. 开启黄金投资的变革和创新

互联网黄金理财运用互联网场景、流量的导入，以及标准化、透明化、便捷化的管理方式，给市场带来了一个标准化的运营模式，轻松将贵金属类黄金消费、理财、融资高度融合，转化为轻资产投资理财产品，其高效便捷、低成本、广覆盖、快传播的优势，正贯穿整个黄金产业链，发展潜力巨大。

2. 给当下股市当头一棒

在当前股市不明朗、房地产行业乱象丛生的背景下，互联网黄金理财的兴起给了投资者一个全新的投资风口，加上黄金投资本身能够有效地保证自身资金安全，对投资者来说是多了一条保值、增值的投资理财渠道。因此很多人可能会放弃股市，进而将目光投向黄金投资，对股市可能造成一定的冲击。

3. 打破国际壁垒

互联网使得黄金市场消息更加透明、快捷，更是有很多专业机构、专业人士的消息共享，有助于我们对黄金市场做出更准确的判断。对中国而言，依托国内巨大的黄金生产和消费市场，以人民币定价的黄金市场依靠互联网科技将最大限度地突破国际汇率和地域限制的壁垒，实现中国黄金市场与全球黄金交易市场最深层次的接轨，从而让我们拥有一个更加有利的黄金投资环境。

总之，互联网极大地释放黄金自身的保值、增值投资价值，也极大地加速了黄金的流通和变现效率，其投资价值直线攀升，成为大众投资追捧的投资理财新热点。在这种大背景下，传统金融开始互联网化，各大跨界资本也竞相争夺，一些新兴金融业务也随之诞生。

传统金融的互联网化

自从进入互联网时代，信息不对称和渠道价值大幅度缩小，传统金融行业遭遇冲击。同时，由于移动互联网的崛起，移动客户端迎来了快速发展浪潮，各大银行纷纷紧跟时代、客户需求，加快自身的黄金互联网布局。

例如，在建设银行，个人黄金积存无须单独签约，办理业务前，客户只需开通建设银行证券交易和账户贵金属账户。证券和账户贵金属账户开通可在柜面、网上银行办理，定期积存、赎回交易可通过网点柜面、网上银行、手机银行办理，兑换交易可通过柜面办理。

如今通过银行投资黄金，只需要携带自己的身份证和借记卡，在银行的任何一个网点均可签约、解约、申购交易，甚至可以足不出户通过网上银行、手机银行、微信银行等多渠道投资黄金，且随时随地操作即时申购、赎回和预约提金业务。

互联网新兴金融业务

互联网黄金理财正成为金融市场的一个新风口，腾讯、阿里巴巴、京东、高搜易等巨头企业纷纷涉足，十分火爆，且其各自的黄金理财产品各具特色，不同程度地吸引着用户，让用户拥有更多的选择。

目前，互联网黄金平台的参与者按照股东背景，大致可分为四类：

互联网系：阿里存金宝、腾讯微众金、京东京生金。

传统黄金企业：紫金矿业的紫金金行、山东招金的金当家。

企业跨界系：刚泰金多宝、国美黄金。

主流风投系：黄金钱包。

此内容会在下一节为大家详细介绍。

不管怎么样，依托互联网技术，黄金投资这匹高贵的“马”不再是“有钱人”的特权，不仅人人可以“骑”，而且人人都可以通过不同的渠道掌握更好的“骑术”，追寻自己的财富梦想。

02

线上“黄金钱包”来势汹汹

银子有矿，炼金有方。铁从地里挖出，铜从石中溶化。

——《圣经·约伯记》

2017年，不少腾讯员工在春节期间收到了一份特别的礼物——来自马化腾的黄金红包。没错，这个看起来类似微信现金的红包，打开链接后的确是金灿灿的黄金。这一事件也让线上黄金理财狠狠“火”了一把。

任何事情都不是凭空而来的。此事会“红”，表面看是马化腾亲自站台加上春节这一特殊时期，占尽天时地利人和；深层次看则是黄金及相关衍生品受到市场的追捧，线上黄金理财平台已经开始群雄逐鹿。

那么，线上黄金理财市场目前都活跃着哪些主要“英雄”？各有什么“神通”？

互联网系：存金宝、微众金、京生金

阿里存金宝

存金宝是支付宝与博时基金联合推出的互联网黄金存取业务，对接的是博时基金旗下的黄金 ETF 基金，主要投资黄金交易所黄金现货合约等品种，其中投资于黄金现货合约的比例不低于基金资产净值的 90%，并且还可从事黄金现货租赁业务，黄金租赁业务产生的收益会不定期以红利再投资的方式分红给客户。其特点是方便、低成本、低门槛，我们只需登录淘宝理财，就可以实现黄金在线交易服务。

腾讯微众金

2014 年，腾讯及百业源、立业集团等知名民营企业发起设立国内首家民营银行和互联网银行——微众银行，并推出以人民币为交易结算货币且可实现实物黄金提取的黄金积存生息类产品——微众金。

微众金非常人性化，不仅可以按克（0.1 克起购）买入黄金，也可以按金额 1 元起购买入，且有定期、活期之分，活期产品年化收益率为 1.25%，90 天定期利率为 1.9%，180 天定期收益为 2.2%，定期产品可以扣除利息后提前转出。此外，微众金支持挂单买进或卖出，用户可以实现设定一个预期价格，当金价达到设定数值后系统会帮助用户第一时间买进或卖出。用户还可以设置定投服务，通过设置微众金的有效期、定投克数或金额、定投频率，非常自由、灵活地进行线上黄金交易。

京东京生金

京生金是 2016 年京东金融推出的解决线上黄金投资的互联网黄金产品，并为小白投资用户提供了不同于传统方式的黄金交易服务。

京生金为 0.01 克起购，0 元手续费，0 元保管费，24 小时实时申赎，申购、赎回无费用，但不可提前赎回；为用户提供年化 2% 的黄金赠送，不管金价涨跌，黄金克数每天都涨；“京生金”账户中的黄金用户可以随时兑换成京东商城中的金条或首饰产品，增强了黄金的流动性和选择性。

传统黄金企业：紫金金行、金当家

紫金矿业的紫金金行

紫金矿业是以黄金及基本金属矿产资源勘查和开发为主的矿业集团，是中国 500 强企业。2016 年 1 月，紫金矿业进军互联网黄金供应链金融——紫金金行，将线上平台和线下体验店结合起来，打造了中国首家“类黄金银行”。

紫金金行依托集团每年30吨以上的黄金产量，采用“互联网+体验店”的模式，为用户提供投资消费一体化的贵金属全流通服务。发布了“生易金”和“变通金”两款产品。“生易金”就是用户可以将金条或闲置的黄金首饰托管在紫金金行享受一定比例的黄金收益；“变通金”就是用户在紫金金行购买“变通金”投资金条，在紫金金行托管一年，期满可以兑换等重黄金首饰，并可享受每克30～50元工费减免优惠。

2017年，紫金金行上线并对外发布“紫金聚宝”和“紫金钱包”两个金融平台。两个平台各有侧重，“紫金聚宝”致力于为黄金珠宝企业和投资人提供“专业、高效、安全”的普惠金融通道；“紫金钱包”则依托紫金矿业的全产业链资源，在深圳水贝成立了“类黄金银行”体验店并向全国扩展，为用户提供线上黄金投资托管、线下存金提金、黄金租赁服务。

山东招金的金当家

2016年7月，山东招金集团携手旗下黄金投资理财O2O平台——金当家亮相第二届中国国际黄金大会。金当家融合了黄金消费O2O、黄金理财、供应链金融等元素，致力打造国内黄金行业最专业的黄金垂直平台，整合线上线下、PC端、移动端等资源，除了提高传统消费体验外，还为用户提供线上黄金投资托管、线下存金提金、黄金租赁服务。

企业跨界系：刚泰金多宝、国美黄金

刚泰金多宝

依托刚泰强大的品牌——刚泰控股和珂兰钻石的成功运营经验，刚泰创立了涉及黄金珠宝全产业链的互联网综合平台——金多宝，一方面为普通消费者和投资者提供黄金买卖、金饰买卖、租赁、旧金回收、以旧换新等服务；另一方面充当黄金散户和用金企业之间的黄金租赁桥梁，通过黄金租赁服务，为用金企业解决用金需求。

金多宝主要有活期金、定期金、金管家和首饰租赁“萃饰”四种产品。其中萃饰是金多宝的亮点，通过整合线下品牌连锁店“珂兰钻石”全国 76 家体验店及合作的黄金实体门店，为“金多宝”用户提供一站式的首饰租赁业务，款式多，零费用。

国美黄金

国美黄金是国美全资子公司多边金宝商业有限公司旗下的黄金业务品牌，主要提供黄金买卖、存取及衍生收益的互联网综合服务。

国美黄金主要有积存金、金生金、理财金、质押贷款、存金戴五种类型的产品。与同类产品较为不同的是质押贷款和存金戴这两个产品。质押贷款相当于免息循环授信，用户以自己在平台上所持有的黄金作为质押，可申请一半价值的贷款，并可以重复质押；存金戴是根据用户在存金宝平台上拥有的黄金量，允许用户以30%的比例获得对应黄金首饰的免费佩戴期，剩余70%的黄金则用于理财，免费佩戴期通常在半年左右，并且可以更换款式。

主流风投系：黄金钱包

软银中国黄金钱包

黄金钱包由软银中国资本投资，每个产品都由中华联合财险承包。2015年加入中国黄金协会成为常务理事单位，与线下40多家金店有合作，是中国首家将“互联网＋黄金”模式实现的平台，可靠性高。黄金钱包是目前同类业务中年化收益率最高的平台，分为活期和定期：活期年化收益2.17%，定期产品从7天到一年，年化收益在2.6%到6%之间。

其平台服务业务主要分为线上业务和线下业务。

线上业务：用户下载移动应用“黄金钱包”，简单操作就能开始买卖黄金，且买入黄金不要任何手续费，卖出时仅收取少量的手续费，每月前两笔手续费为0.2元/克，第三笔起为0.7元/克，相当于总金额的0.08%和0.27%，它的金价与上海黄金交易所金价实时挂钩。

线下业务：与超过50家的珠宝零售店面合作，用户可以凭借手头的金饰到线下合作珠宝零售店往自己的黄金钱包账户存入相应克重的黄金，存金流程非常方便，整个流程只需10分钟时间。

03

从草根晋升为行业新贵的技术背景

科学研究的进展及其日益扩充的领域将唤起我们的希望。

——瑞典化学家　诺贝尔

一直以来，对于大多数低净值人群来说，投资理财是一件相当令人头疼的事情。

投资股票很容易打水漂，但又缺乏其他有效的投资产品和渠道，而稳健的理财产品又有门槛高、信息不对称等问题。

同时，传统的人工理财师角色除了为高净值用户提供定制化服务外，很难像机器一样提供动态的资产配置和完全匹配的个性化需求产品，更不可能普惠大众。

但是今天，金融科技将这些难题一一攻破，也正是如此，互联网黄金理财成了投资市场的“新贵”……

互联网金融的三大发展阶段

相对于欧美等发达国家来说，中国互联网金融的发展历程要短，但是随着互联网技术的更新，其发展大致也可以分为三个阶段。

第一阶段，1990—2005 年，互联网新的信息传播方式和手段诞生，不仅扩大了传统营销的范围，更是深刻地影响了各行各业，动态网站已经广泛应用，“互联网 +”已经成为一种流行趋势，这时，传统金融行业顺应时代特征，也投入互联网化大军。

第二阶段，2005—2011 年前后的第三方支付蓬勃发展阶段，第三方支付交易量比重不断增强，国有商业银行、传统商业银行已经开始非常重视移动支付市场。

第三阶段，2011 年以来，依托大数据、云计算等技术，互联网实质性金融业务发展，并呈现出多种多样的业务模式和运行机制，且相对于传统金融有成本低、效率高、覆盖广、发展快等特点。

比如，在互联网技术支持下，互联网金融的服务操作流程完全标准化、简易化，客户从申请黄金购买到黄金到账，只需几分钟时间便可完成，而且通过智能化的运营，更是让用户不再冒着“枪林弹雨”，不用睡不着觉投P2P，轻轻松松握着手机便可实现收益。

可以说，大数据、云计算、移动互联等互联网技术的发展使得传统金融迸发出了全新的活力，使得黄金投资不再是一件云里雾里的事，而是以更丰富、更亲民的形式融入我们的日常生活中。

互联网金融下半场：技术是决定性武器

在信息时代，互联网所带来的信息量催生了云计算、大数据等存储、处理和利用数据新技术，企业以及金融机构的商业活动不再围绕着工业时代那些少量、核心的数据展开，而面对的则是海量、高频、实时的非结构化为主的数据，并在“云+端”的基本模式下，这些（大）数据依附于移动端的应用场景，带来了由技术革新所产生的投资理财市场服务的革新。

比如，大数据的运用上，不仅仅是互联网金融，传统的金融机构都开始尝试将积累的金融产品数据、用户交易数据、用户行为偏好等运用到产品的设计和推广中，推出更灵活、智能、个性化的产品，并通过App等移动用户端的简便、智能化操作，让用户快速实现线上理财、黄金交易。可以说，互联网大数据在挖掘客户、优化服务、提高运营效率、产品创新等方面都起着举足轻重的作用。

然而，互联网金融理财的黄金投资发展虽只有短短两年时间，但已经初步呈现一些红海特性，除了上一节介绍的几个比较有实力、有背景的平台外，一些新兴投资理财公司正如雨后春笋般地不断冒出。一个平台或公司想要在竞争中保持优势，背后拼的就是技术，比如精准分析用户的流动性需求、建立资金流动性模型、自动匹配模型以及每一笔资产的流转和存续记录等，其后台世界是模型和算法的高速运转，这也是所有互联网金融理财产品的底层逻辑。换句话说，这就是一场机器计算力、智能化的竞赛，远远超出了传统理财服务的范畴。

其实，不管怎样的技术比拼，对我们来说都是福音，都可以让我们的黄金投资更加“透明化”地随时随地操作、“追踪”。生于这个时代也算是一种幸福。

04

互联网黄金盈利模式

从未有人因为赚钱而身败名裂的。

——欧洲谚语

0手续费或超低手续费、高年化收益率，甚至不管金价走势，都要兑现年化收益率的承诺……

这些企业似乎正在干着一件无利可图的事情。

可真是这样的吗？

如果不是，这些互联网投资平台靠什么盈利？

而我们在这些互联网黄金投资平台上投资黄金到底能获得哪些收益？

其实，不管是我们个人还是平台，任何以正当方式追求财富的行为，都是值得被尊重和鼓励的。

互联网黄金撬动的是民间的 1 万吨黄金

经过了2014年的孕育萌芽，2015年的起步扩张，2016年的爆发，20余家重量级“玩家”入场，互联网黄金平台在中国已经崛起，其背后是一个巨大的、长期存在的民间黄金存量市场。

中国黄金协会报告称，2014年中国民间黄金储备约为6000吨，2015年增至7000吨，至今约有1万吨，中国民间黄金每年的增量大概是商业银行实物黄金的8倍。但是，这些黄金大多是以首饰形态在各家各户“压箱底”，成为闲置资产，因此，盘活中国民间存量黄金，开启其流动性，是潜力无穷的商业机遇，而其真正的诱惑在于黄金借贷。

黄金是很多企业的生产原料，这些企业一般愿意用10%～15%的年利率来借黄金，很多互联网黄金投资平台，就是用远远低于10%～15%的年利率来聚集民间存量黄金，转手借贷给需要黄金的企业，从中赚取利率差。任何一个企业，如果能够盘活5%的存量市场，所占据的市场份额都将超过1000亿元，这样的诱惑是何其“香艳”。于是互联网金融应运而生，其核心目标之一就是让这些“压箱底”黄金动起来。

另外，通过盘活存量黄金也创造了一个增加黄金资产流动性的“二级市场”，也有利于增加黄金资产的吸引力，促进实物黄金销售“一级市场”的发展。很多互联网黄金投资都通过O2O模式将服务延伸到线下门店，有利于将黄金投融资、产品回收置换及终端零售业务结合起来，降低整个产业链的融资成本，支持行业健康、稳定地发展。

比如，京东京生金可以在京东商城兑换同等重量的黄金首饰，便是带动了金饰市场的交易，也增加了京东商城自身的销售业绩。而京生金对京东来说，也是一个流量入口，人们被黄金吸引而来，在京东平台落户安家，便是京东粉丝，互联网时代拥有粉丝就是拥有天下。

个人角度，黄金由死物变成了生息资产

对于持有黄金的个人来说，最大的痛点有三。

第一，只能闲在家里，而不能进行回购。

第二，黄金存放银行托管需要交纳一定的费用，想省钱放家里，既不能生息，还有丢失的风险。

第三，黄金回收亏得很，大部分旧的金饰只能通过典当或在珠宝柜台交纳加工费换新等方式处理，这些都会对我们所持有的黄金资产造成损失。

但是互联网黄金投资平台，帮助我们管理黄金资产，通过更高的收益、更低的费用、更便捷的操作，可以帮助我们解决传统黄金市场存在的买、卖、提、存、回购、升息等一系列问题。而且随着移动互联网基础设施的日益完

善，我们还可以以黄金作为支付方式，进行日常消费结算，实现黄金不同属性之间的自由切换。这都为我们手中黄金的流通、消费、生息提供了极大的便利。

当然不同的互联网黄金平台有不同的投资收益方式和计算方法。

比如，软银中国的黄金钱包收益率及计息方式为：每日的利息 = 当天凌晨 1 点的金价 × 存金数量 × 年化收益率 /365。京生金推出 60 天、75 天、90 天三个期限的定期产品，投资者年化生金率分别为 1.78%、1.98% 及 2.18%，产品收益来自两方面：年化的固定收益，以及黄金价格浮动的差价。

因此，你应当计算好每个平台的收益情况，选择对自身投资最为有利的平台入手。

我国从大众的消费需求、投资需求到生产力、产业组织等，都将向着更高形态演化，黄金投资市场将会出现线上线下融合的更高级形态，同时各金融机构的产品和服务分工更加复杂、精细化，整个黄金投资市场的结构也会更趋于合理。这对于每一个投资者来说都是一件好事，至少根据自身的实际情况，可选择的变多了。

但是，别忘了一点，选择增多的同时，往往也是风险增多的开始。

来自互生经济的启示：资源整合、互利共赢

今天的经济发展已从技术资本、货币资本过渡到了消费资本时代，与消费经济趋势相适应的一套全新的商业操作系统应运而生，它就是以《互生经济学》理论作为支撑的互生系统。

那么，何为互生经济？互生经济是中国杰出女企业家、北京互生经济学研究院院长何开秀女士经过 30 多年的研究和实践而创立的一种新兴经济理论、一种新的盈利模式、一种消费增值实现方式、一种社会问题的解决方案。互生就是互利，把消费资源和企业资源进行格式化整合形成消费资本力量，用消费资本的延伸应用来实现买卖互利的循环经济模式，全面整合社会资源，构建科技、金融、企业和消费者为一体的互生网络系统与新型的消费权益再分配模式，集资源共享、利益共享、金融流通、商务流通、信息交流、广告宣传、消费增值为一身，满足多方需求。互生系统全球通用。

互生经济是在原经济秩序下循环延伸发展，通过国家分享经济实施平台——互生系统平台，用消费福利卡通用积分帮助企业锁定消费者的消费行为，建立商务流通利益共同体，给企业带来新的盈利点，给消费者带来消费增值，让消费者也能参与企业盈利分配，形成社会各资源之间的互惠互利。

互生经济突破了买卖的不相容，突破了单方获利的买卖模式，突破了线型的分配模式，在利益共享的过程中，在多边互利的前提下，实现消费者利益的二次和三次分配，解决了消费者怎样才会有钱，企业怎样才能持续盈利，经济危机怎样才能突破等问题，是一套完整的社会问题解决方案，并且已经实现了系统技术支持、渠道支持和大数据支持。

互生系统是企业的促销工具、经营工具、永久持续跨界赚钱的工具，消费福利卡是老百姓的福利保障工具、脱贫工具，其延伸的业务系统包括企业自营、抵扣专区、品牌渠道、社区服务、一乡一品等，已经在企业转型、消费福利保障、智慧医疗、农业品牌发展、产品溯源、社区建设、精准扶贫、民企政利益共同体打造等领域全面实施并发挥了显著功用。使用好这个工具，把消费福利卡发放给消费者，锁定的消费者越多，增加的销售渠道和企业的收益也就会越多。

互生系统平台是一个开放式的平台，任何机构、平台都可以应用对接，黄金市场也是如此。如今的黄金市场特别是互联网黄金市场，它们的本质是企业，存在着发展不平衡问题，且随着黄金投资产品的日益丰富，竞争也将更加激烈。它们在撬动民间黄金资源的同时，更是需要笼络大批的投资者。黄金企业可以借力互生系统“资源整合、互利共赢”，创新黄金业态认知，整合社会黄金资源和投资者、消费者资源，建立投资者、消费者参与其中的盈利分配机制及溯源体系，形成彼此间互惠互利的互生形态，实现生生不息，永续发展。

其实，不管是西方黄金市场还是东方黄金市场，不管是传统黄金市场还是互联网黄金市场，彼此之间、内部之间都已经形成了一定的竞争局面，想要保持自身良性的发展态势，互利共赢的生态机制都将对其有很重要的启示意义。

05

便捷安全是核心痛点

祸兮，福之所倚；福兮，祸之所伏。

——《道德经·第五十八章》

传统黄金市场是一块有着上万亿元资产的“大肥肉”，众多资本都在垂涎，一时间“互联网+黄金”的新玩法也正逐步进入大家的视野，并呈现爆发式增长。

但是，“玩”投资的朋友都会明白，没有绝对利空，也没用绝对利好，黑天鹅事件也是频频爆发，一切都是相对的。互联网黄金也有着它自身的“痛点”所在。

以P2P网贷行业为例，截至2016年1月底，P2P平台累计数量达3917家，但其中问题平台就达1351家。2016年国务院总理李克强在政府工作报告中，也将“规范发展互联网金融”列入了2016年重点工作部分。

那么，作为新兴力量的互联网黄金投资存在着哪些风险？

我们要如何规避呢？

互联网黄金投资正在野蛮生长

相比传统黄金的“玩”法，“互联网+黄金”的“玩”法有两大撒手锏：第一，互联网“玩”法更便捷、灵活；第二，平台稳定、安全、收益高。虽是如此，我们依然不能够忽视其背后的风险因素。

传统金融风险大多来自金融机构对借贷人的信用信息掌握不足，而对存款人来说，由于有国家和政府信用做背书，基本不需要担心资金的安全。也就是说，有着国家和政府这棵大树作为靠山，传统金融投资基本不会出现资金安全问题。

但是，在互联网金融时代，尽管数据、信息、技术的发展可以以更低成本、更高效率了解用户信息，风险大大降低，但是对身为用户的我们自身来说，互联网目前在解决金融信息不对称的作用上并没有那么有效，反而由于技术的复杂性、模式的多元化、主体的分散化，阻碍着我们更清晰明了地去了解互联网金融本身的运作模式、资金流向、信用状况等信息，风险有可能增加。

另外，互联网金融是新业态、新模式，无论从它的基础、技术，还是整体的发展环境，都还没有达到成熟的条件，它就像一个孩子，正在经历成长、蜕变阶段。而现行的互联网黄金投资市场，各大投资平台良莠不齐，都是“各凭本事”地野蛮成长，更是为了抢占市场份额，存在着盲目扩张、产品同质化、欺骗欺诈等问题。

因此，想要安全有效地通过互联网进行投资理财，我们必须从政策、监管、技术、交易、认知五个方面来系统了解互联网金融背后的风险。

互联网金融的五类风险

1. 政策法律风险

2016 年被称为互联网金融规范元年，包括人民银行、银监会，从账户、支付，以及从资产管理相关的产品等多条线，纷纷下达了一些相关的规范制度。但是互联网金融是新型业态，现有的法律法规难以适用，有些产品更是处于合法与非法之间的灰色地带，且互联网金融本身的交叉性，使得立法的过程比传统金融更为复杂，不确定性增大。

2. 监管风险

互联网金融领域客观存在的跨界混业经营，而目前中国金融业实行分业监管模式，不免存在着监管真空现象，这种混业经营模式进一步强化了监管风险，风险准备金、坏账率、信息披露、风险评级和出资人权益保护等内容都未纳入监管范围，加上互联网金融的实时性、互动性和无边界性打破了交易的时空限制，超出了一国监管机构的能力和范围，可能导致监管风险加速交叉、聚集。

3. 技术风险

互联网金融的发展得益于计算机和网络技术的普及与突破，后者同时也带来技术漏洞、网络安全和信息泄露等问题，比如网络仿冒、病毒威胁、系统中断或其他不可预见的事件导致机构无法提供安全产品或服务。因此，与银行封闭运行的业务系统相比，互联网金融的用户敏感信息和个人财产存在更大的安全隐患。

4. 交易风险

从客观因素来看，由于互联网金融发展时间较短，历史数据缺乏，并且信息披露不到位、不规范，可靠程度不高，给基于交易信息的产品设计、定价，以及风险控制造成困难。从主观因素来看，为了追逐市场和利润，存在着互联网金融企业利用政策和监管盲区创造并占有不合规收益的情况，比如借助股权众筹平台变相集资，非银行支付机构挪用、占用客户备付金，跨界从事不同类型的金融业务等。

5. 认知风险

互联网金融的本质仍是金融，主要功能也是资金融通、价格发现、支付清算等，因此也摆脱不了金融的两大词汇“资金”和“风险”。但是互联网金融的低门槛，让大量传统金融覆盖不到的人群被纳入金融服务的范围，这部分人一方面无法有效甄别众多层出不穷的互联网金融企业、产品和服务的质量，另一方面风险识别能力和风险承受能力相对欠缺，个体和集体更容易出现非理性操作，提高了风险的发生概率。

因此，当我们选择一个互联网黄金投资平台时，收益固然重要，但更重要的是安全，一定要注意这个平台的资历、资质及操作规则，更要养成良好谨慎的操作习惯，包括定期更换密码、不随意连接 Wi-Fi、不扫描不明二维码、下载软件时注意阅读权责条款等。

黄金笔记

互联网时代，任何事物的发展都离不开互联网，黄金市场亦是如此，互联网黄金也开始兴起，不论是在渠道的选择还是投资的操作上，都给我们带来了巨大的便利。

那么，你知道互联网黄金的本质是什么了吗？

你会考虑互联网黄金的投资吗？

如果要投资，你将选择哪个平台和渠道？

CHAPTER 6 | 第六章

共享经济下黄金帝国的扩张

共享经济是未来的大势所趋，是资源优化组合的结果，它已引发新一轮的行业转型，也许不久的将来会出现“共享黄金体系”，让黄金交易走向一个创新的商业模式。而对我们个人而言，这是让我们的财富如一潭活水般源源不断的最好契机，毕竟，只有让财富流动起来，财富才会变得真正有意义。

GOLD KNOWS THE ANSWERS

01

全球九大共享经济模式之共享金融

理想的社会状态不是财富均分，而是每个人按其贡献的大小，从社会的总财富中提取它应得的报酬。

——美国作家　亨·乔治

在原始社会，同部族的人总是一起共享捕获的猎物，而爱心、知识、生产资料的“共享”也一直伴随着人类社会的发展。

今天，这种共享精神重新被挖掘，互联网成了最富有共享精神的地方，在其刺激下，共享单车、共享空间等如雨后春笋般涌现，并产生了一种新的经济现象——共享经济，其本质并不是“平均”，而是资源的有效分配，这符合人的天性，也符合社会发展的规律。

随着这股共享风潮，共享金融的概念也开始深入人心。

那么，到底什么是共享金融？它有什么魅力？

它会给我们的黄金投资带来怎样的投资风口？给我们的财富积累带来怎样的新模式？

共享经济 3.0

全球顶级战略管理咨询公司罗兰贝格在 2016 年年底发布的共享经济报告中指出，至 2018 年，全球共享经济规模有望达到 5200 亿美元（约 36000 亿元）。其中，中国已经形成 625 亿美元（约 4300 亿元）的共享经济市场，并保持 54% 的高速增长。

国家信息中心分享经济研究中心发布的《中国分享经济发展报告 2017》指出，2016 年中国分享经济市场交易额约为 34520 亿元，比上年增长 103%。到“十三五”期末，共享经济在中国 GDP 中的占比将会超过 10%。

那么什么是共享经济？

共享经济本身不是一个行业，它是一种利用互联网技术激活海量闲置资源，实现资源重新分配的商业模式。移动互联网的普及、大规模城市化是其得以发展的驱动力。到目前为止，共享经济已经由 1.0 走到了 3.0。

共享经济 1.0，由移动互联网驱动产生的商业模式，比如滴滴打车、小猪短租等，让出行和租房从线下走到线上。

共享经济 2.0，由浅层物联网技术 + 移动支付驱动产生的共享商业模式的进化，比如共享单车。

共享经济 3.0，将由当今的智能制造、大数据、物联网驱动共享商业模式的极大创新和演进。比如，从制造业方面看，在共享经济 1.0 及 2.0 时代，制造企业很难实现共享，但是在 3.0 时代，具备专业的技术、资质、服务能力的制造企业就可以依托共享平台对客户提供诸如研发设计、非标准定制等临时性的私人定制服务；从分工方面看，共享经济 3.0 碎片化分工的可行度会大幅度提高；从生产方面看，在众多新技术成熟的情况下，生产企业不必再耗资建厂来扩大生产规模，而是可以将众多的核心业务通过外包、合作、联盟等方式完成，从而降低成本，提高自身竞争力。

凯文·凯利[①]在 2015 年出版的《必然》中这样说道："将从未被共享过的东西进行共享或者以一种新的方式来共享，是事物增值最可靠的方式，未来 30 年最大的财富会出现在这一领域。"

①凯文·凯利：Kevin Kelly，"网络文化"的发言人和观察者，《连线》杂志创始主编，主要作品有《失控》《科技想要什么》《必然》等，人们经常亲昵地称他为 KK。

共享经济的崛起正深度重塑世界经济形态，也在给产能过剩、产品过剩、发展不平衡不充分的中国带来新的发展机会。“共享”这一概念也被广泛使用，涌现出了大量创业公司，出现了C2C、B2C、C2B2C等模式，更是在出行、空间、金融、美食、医疗健康、公共资源、物品、任务/服务、知识/教育这九大领域取得了非凡的成就。

应运而生的共享金融

共享金融是以共享经济为基础的金融创新，是在互联网、区块链和大数据等新兴技术的驱动下，构建以资源共享、要素共享、利益共享为特征的金融模式，其目的是让金融资源更有效地得到配置。

共享金融理念的提出和发展有着其必然性。

一方面强调遵循共享经济发展道路，更好地应对经济宏观层面的矛盾与挑战。

比如，在新常态发展格局中，更好地实现金融资源的有效供给和分配；在人民币国际化和金融国际化趋势中，给跨境的资金融通、优化及财富管理等带来全新的天地；在城镇化带来的人口聚集、人口老龄化引起的剩余金融资源的积累、金融市场化的不断推进中，拓展金融活动边界，重构金融交易机制。

另一方面是在不断解决金融自身出现的一些不可持续

的问题及一些自我膨胀的矛盾。

比如，金融技术的提升也使金融交易变得更加复杂，在多数情况下不过是少数“精英”的游戏，共享金融则是让金融走下神坛，回归“草根”，让一般人也能参与、受益；近年来主流金融体系发展快速，但依旧存在金融脱媒现象、小微企业融资难等问题，共享金融注重的是金融自身的可持续、均衡、多方共赢式发展；共享金融可以让金融的发展与创新从“供给决策需求”进化为“需求导向”，让更多的人真正地共享到现代金融发展的成就。

互联网金融的终极是共享金融

上一章中，我们提到互联网金融正在崛起，然而其本质是共享金融初级阶段的“历史表现”，它是互联网信息技术和数据技术冲击下金融模式的改变，是共享金融的前期“试水”。而共享金融体现的是更为长期的、深层的金融模式与功能的变革。不论将来技术如何变革，金融的最终意义都在于摆脱自我服务的局限，在产品、渠道、机制、利益分配等基础之上，构建真正有利于大众的“好金融”。

所以，将来即便互联网金融这一词汇消逝在历史长河中，共享金融的生命力也会伴随着金融理性、道德、自律地成长、延续下去。甚至有人预测，到2020年，共享金融将发展成丰富的生态圈，细分出巨量的业务，金融会随时附着在各种商业活动中，随时解决金融问题，发挥金融功能。

如今，在共享金融浪潮中，共享黄金才刚刚开始，互联网黄金投资、黄金租赁就是“萌芽”。作为投资人，我们既无法忽视这一趋势，更要从这一趋势中寻找新的投资创富渠道。

02

“共享黄金”背后的逻辑

志不强者智不达，言不信者行不果。

——《墨子》

如果我们想通过某一平台投资黄金，第一考虑的是什么？是这个平台可不可信，最后会不会带着我们的黄金跑路。

如果你是运营互联网黄金投资平台的人，你第一考虑的是什么？是黄金所有者及购买人是否相信你的平台，是否愿意在你的平台上做出交易行为。

投资从来不是盲目、冲动的行为，毕竟谁都不会拿自己的财富开玩笑。而投资市场任何一种新产品或新模式的诞生，最考验的便是信任以及是否具备长久发展的动力。

所以，对于共享黄金来说信任是前提，背后的发展逻辑是打通信任渠道，打造足够长久发展的“心智”。

共享经济是解决信任问题的模式

世界银行经济学家Steve Knack曾在一份研究报告中指出：诚信度高的国家，投资活动比较活跃，经济增长相对快速和持久。

为什么这么说？

人与人之间的交易，并不能保证对对方知根知底，这时就会借助权威中间人，比如银行、政府、交易所、律师等进行协调、担保。如果当地的司法制度、经济制度和交易模式相对透明、开放，则会方便人们了解、查证，帮助他们降低交易的风险，人们就会更加愿意和更容易交易与投资，从而拉动经济增长，反之，有限的资源就会浪费在协调、询证等事宜上，人们投资、交易的意愿就会降低，不利于经济发展。

不仅如此，会计、法律服务、房地产和电子商务等广泛行业都是基于在买家和卖家之间建立信任为基础从而构建其商业模式的。

在历史悠久的行业中，信任被写入了法律，给出了准入门槛和对新加入者的防范。而共享经济的本质是陌生人之间无缝、直接、有效地分享信息和资源，从而创造有利于双方的价值。要达到这个目的，先决条件就是互信。可双方是陌生人，互信从何而来？答案是从共享平台或机构中来。

比如，我们使用滴滴打车，并不是说我们完全相信司机的驾驶经验、职业操守，司机也不完全相信我们的个人名誉和信誉，而是我们和司机都相信滴滴做足了应该做的功夫，能够让我们的交易正常、有效地进行，同时保证信息的真实和平台的稳定，进而保证服务的质量。意思也就是我们相信滴滴这个中间人，而不是交易方本人。此时，若平台出现了问题，信任没有了，共享也就不可能实现。

那么，未来共享黄金的发展也是如此，其共享是建立在我们对共享平台或机构信任基础上的交易行为，平台和机构对我们个人而言不过是为我们提供一个更加友好、有保障的交易渠道。而共享平台，为了保证自身的诚信力，必然也要求每一个平台使用者自身的诚信品质，也就是通过“自征信系统”实现黄金资源共享。

建立自征信系统下的黄金共享

什么是自征信系统？

以共享金融中 P2P 借贷为例。每一个人或法人，在借贷平台系统中的“信用”是根据他的收入、财产、既往信用评级等，自动生成的“自我信用评级”。这时，只要你的“自我信用等级”合格，不管是创业、投资还是消费，你都可以分分钟得到贷款，通过该系统的信贷会比传统金融系统更加地便捷、高效，而且成本更低。

其实网上任何的“共享”都是依赖这一逻辑。而这也是互联网发展的“源头”问题。传统行为通常是“熟人”之间做交易，互联网则是让更多的“陌生人”做交易。陌生人之间的交易，首先要打破的便是信任壁垒，所以，电商中淘宝有店铺评价系统，滴滴有司机评价系统……几乎每一个平台都有自身的一套能够保证用户利益的自征信系统。

所以，未来想要实现共享黄金，解决信任问题是其先决条件，其整体高效的操作也应当在完备的征信体系中运行。

但是黄金由于其贵重性，加上我国黄金行业发展时间不长，产业链环节分散，金融机构都难以建立全面、可靠的针对黄金产业参与者的征信评级体系，对于共享平台来说，更是难以操作。好在区块链技术的出现，其分布式数据存储、点对点传输、不可篡改等特性，不仅可以很好地解决互联网的信任问题，还可以充当更好打开共享经济互信渠道的钥匙。

03

区块链：发现“真相”，实现“去中心化”

> 非以其无私耶？是以成其私。
>
> ——《道德经·第七章》

如果将区块链技术看作一个人，他可能是贡献的典范，他公正无私，一视同仁，从最初的比特币、风险投资基金、金融机构，到处都可以看见其作用。也正是他的这种“无私”，让他发挥了更大的作用，更加凸显了他的重要性，也许在未来，我们会越来越离不开他。

比如，传统黄金市场中资产所有权往往是不透明的，区块链技术能够提供不被篡改的所有权记录，使得黄金所有权更加清晰透明，并为交易者和投资者提供更加流动的买卖市场。而我们对它的运用和依赖，也让它成为了实现黄金共享的重要手段和技术。

区块链真正的价值是发现真相、体现诚信

什么是区块链技术？

我们可以简单理解为：一套通过数字方式、算法“链接”起来的“区块”（如资产、货币及其交易），可以保证信息公开透明可信、不被篡改，同时又保证隐私。

可以说，区块链出现的“初衷”就是为了实现陌生人（匿名情况下）在数据的真实可信中进行交易。

那么，区块链技术是如何做到这一点的呢？

一是采用分布式核算和存储，不存在中心化的硬件或管理机构，也就是去中心化。

二是区块链数据除了交易各方私有信息被加密外，其他的数据对所有人公开，任何人都可以通过公开的接口查询相关数据和开发相关应用，整个系统的透明度高。

三是区块链采用基于协商一致的规范和协议，比如一套公开透明的算法，使得整个系统能够在一个被信任的环境中自由安全运行，任何人的干预都不起作用。

四是一旦信息被验证并添加到区块链，便会永久地存储起来，想要改变数据“代价”高昂，往往需要控制系统中 51% 的节点，否则单个节点的数据库修改是无效的，

因此数据稳定性和可靠性极高。

五是由于节点之间遵循的是固定的算法，因此数据的交互是无须信任的（区块链中的程序会自行判断操作、信息是否有效），因此交易人无须通过公开身份的方式让对方产生信任，这能够很好地在保证隐私的情况下进行交易。

可以说，区块链所建立的信任是从细胞开始的，且不可篡改，将货币和金融交易的私密性和安全性大大地进行了升级，可以有效消除交易双方对黄金定价制度和资产真实性的质疑，从而扩大黄金市场交易深度，使得黄金交易所有权更加清晰透明，并为交易者和投资者提供流动性更强的买卖市场，提高交易量，同时去中心化的特点，更是为黄金共享再上了一道“保险”。

另外，区块链技术的演进和推广甚至产生了区块链经济现象，比如数字货币的挖掘和交易，也让一个新的经济名词进入了人们的视野——通证经济。

什么是通证经济？

它是先于区块链发展而出现的一个概念。

通证是 token 的音译，我们在登录任何一个封闭的系统时所用的用户名、密码就是一种通证。而“通证”一直以来被翻译成“代币”，以至于我们对它的理解产生了偏差，直接将 Token Economy 翻译为“代币经济”，其实它更贴近的含义应该是“可流通的加密数字权益证明”，因此相对于“代币经济”，“通证经济”的说法更为准确。

区块链经济的奥秘就在于使用了通证。

以数字货币为例，每一个发币的区块链项目都是试图以其所发行的币（通证）作为一种经济激励工具，促进生态圈内各个角色协作。任何一个人贡献越大，得到的币越多，大家协作程度越高、越好，币的价值便越大。因此每一个发币的区块链项目都在试图设计一个通证经济系统（Token Economic System）。

这对黄金交易市场来说也非常具有启发性，黄金交易市场也可以采用通证经济系统加之区块链技术的特点，让黄金交易生态圈里的每一个人、每一个角色都尽可能诚信、合法，为黄金现货市场带来实实在在的信任价值增值，这无疑对整个黄金市场的稳定和良性发展有着重要的意义。

去中心化对黄金交易的“净化”

想要弄明白去中心化，先要理解什么是中心化。

我们可以先回忆一下你在淘宝网上购买一件商品的流程。

第一步，下单把钱打给支付宝。

第二步，支付宝收款后通知卖家发货。

第三步，收到商品后，在支付宝上选择确认收货。

第四步，支付宝把款项打给卖家。

你会发现，你虽然是和卖家做交易，但是所有的关键流程都是和支付宝打交道，也就是所有交易的数据都是集中存储于支付宝数据库中。这就是一个最简单的基于中心化思维构建的交易模型，它的优势很明显，就是建立权威，通过权威背书来获得多方的信任，同时依赖权威背后的资本和技术实力确保数据的可靠安全。

但是，如果支付宝出现了一个重大的漏洞，或者支付宝服务器损坏，数据丢失，我们在支付宝上的“钱”、交易信息全部丢失，这个时候，我们就成了“刀殂上的鱼肉”：支付宝有良心，会勉为其难承认我们存钱的事实，但它不承认我们也没辙，因为确实连它自己也不知道这笔转账是否真实存在。这就是中心化的弊端——过分依赖中心和权威，也就意味着只能以它们马首是瞻，我们是没有话语权的。

其实，以往的黄金投资也正是这样一个中心化的交易模式，我们仰仗的是银行、国家信用这样的权威中心，我们的交易信息也都集中地体现在它们自身的数据库中（包括目前的互联网黄金投资也是如此），存在着交易不透明和人为操纵等问题。

但是区块链采用的是分布式核算和存储，通过多地的备份，所有人有能力维护共同的一份数据库，都有彼此监督维护数据库的权力，且已经不需要外在的强制力，如交易所、银行来维系，人们依赖、信赖的不再是国家信用或国家机器，而是自己。不仅如此，我们将不再只是依附于

“纸黄金”和“黄金储备银行”等仅部分基于真实资产的衍生产品交易平台，而是通过供应黄金的区块链产品——数字黄金①及黄金共享平台拥有坚实的财富后盾。

今天，在黄金市场，各种各样的参与者都在探索区块链，想要将黄金转化为一种“数字资产”，追踪整个供应链的黄金来源，并将效率引入后贸易结算流程。

区块链珠宝行业的实际应用——甄宝链 TST

区块链应用和场景很多，比如交易支付、存证溯源，特别是 2017 年以来存证溯源的应用更加落地、更加丰富。在 2018 年，珠宝行业有着区块链存证溯源的典型运用——甄宝链。

甄宝链是以区块链为信用基础，将“区块链 + 业务适配器 + 大数据”有效融合到珠宝玉石配饰行业的操作系统。

整套系统中，甄宝链是行业主链，经授权的机构或个人可以调用主链接口自定义侧链。而侧链则是与行业应用相关的业务链，比如溯源业务、鉴定业务、钻石资产、宝石资产、黄金投资、配饰展销及其他业务等。通过侧链的不断延展和丰富，拉动主链的流通需求，从而使主链的价值不断提升，这就是甄宝链的商业生态循环模式。

---

①数字黄金：将黄金元数据记录在区块链上，成为每块黄金的独有身份证。

任何一种创新都可以改变世界，区块链也一样，它正改变着我们今天的价值方式和商业合作方式，最后一定会形成一个攻坚、共治、共产、共享的区块链网络。

财产不安全，拥有再多的财富也只是昙花一现。除了创造更多的财富，保护财富安全也是很多高净值人群的重要目标，黄金投资是他们资产保值、增值的方式之一，而共享黄金的一大亮点就是让黄金投资的安全性再上一个台阶。而这随着珠宝行业市场的区块链技术的运用，正在逐步实现，虽然离普及还需要一段时间，但是已经为未来共享黄金体系打下技术基础。

04

“共享黄金”体系的构建设想

我不应把我的作品全归功于自己的智慧，还应归功于我以外向我供给素材的成千成万的事情和人物。

——德国文学家　歌德

纵观人类发展历史，共享经济发展最为成功的是“货币共享”。货币持有人将货币通过钱庄（银行）这样的机构“共享”出来，从而维持人类整个社会和经济的有序运行、发展，只要货币本身没有问题，这个系统就可以一直运行下去，创造价值。

而黄金天然就是货币，它也具备这样的优质“共享”特性，加之今天互联网技术的突破，更是为共享黄金培育了沃土，不管是黄金产业还是黄金投资，在不久的将来都可能掀开全新的篇章……

而我们能做的便是怀揣一颗感恩之心，加入这股共享潮流，这样我们就会懂得运用自己的财富创造更多的幸福和快乐。

黄金更容易发展共享模式

其实，“共享”的意义主要有两个方面：一是激活无效产能，比如共享某种技术或潜能，并将其对市场进行供给匹配，发挥作用；二是激活过剩或闲置产能，使其在不改变所有权的情况下流动、活跃起来，提升整个社会的生产效率。

在闲置产能中，货币、房子、车子都是拥有很大市场价值的闲置产能，但是我们却往往忽视了一个规模足够大，且闲置率非常高，市场价值和潜力并不亚于货币、房子、车子的黄金的存在。

黄金的物理特性决定了它一旦生产出来就很难被消耗掉，不易消失。按世界黄金协会的统计，在已生产出来的黄金当中，大概有 3000 吨的黄金不知去向，但只占整个存量的不到 2%。黄金市场超过 90% 的黄金最终都会变成我们佩戴的首饰、储藏的金条、工业用金，以存量的方式安静地度过余生。

据统计，在全球超过 18 万吨的黄金存量中，首饰用金约占 50%，达到 9 万吨；黄金官方储备总量约 3.3 万吨；工业和其他用金 2.2 万吨；个人投资者持有量 3.5 万吨。而在首饰金当中，日常佩戴需求只占到存量的不足一半，实际上超过 50% 是“闲置”的（约 4.5 万吨），再加上 3.3 万吨的官方黄金储备和 3.5 万吨的个人投资持有量，全球整体可以被市场“共享”的黄金高达 11.3 万吨，占整个存量的 60% 以上，市场价值超过 4 万亿美元。可见黄金的闲置率高，且规模巨大。如果黄金行业能够充分地发展“共享经济”，存量中大部分黄金都会发挥流动性价值，创造更大的社会、经济效益。

除了闲置率高、市场规模大的特质之外，黄金还有两大特质：一是黄金和房子、车子相比，不仅具有流通成本低、用途广的特点，还有首饰制造、工业生产和投资需求；二是标准化程度非常高，价格透明。正是这几大特征，使黄金更容易发展共享模式。

那么，如何真正实现黄金共享？这根植于互联网生态，要建立完善的共享黄金体系。

来自共享金融的启示

共享经济，是结合资源配置、收入分配、市场主体等要素的创新变革，体现的是协作共赢，因此当我们想到“共享”二字时，脑中第一浮现的是一种新的商业模式，是经济发展方式的重构。而其最为重要的工具就是互联网生态。

正如马化腾所言：互联网生态以互联网为平台为基础，利用互联网信息技术、数据技术与各行各业跨界融合，推动各行各业优化、增长、创新、新生，在此过程中新产品、新业务与新模式会层出不穷，彼此交融，最终呈现出一个“连接一切”（万物互联）的新生态。

而目前我们所看到的共享金融正是根植于这样的互联网生态中的，它的体系架构包含了三方面的内容：新的基础设施——云网端（云计算 + 移动互联网 + 智能终端），新的生产要素——数据资源，新的分工体系——大规模社会化协同。这三方面的内容都要求金融具有开放性：一方面，开放金融服务让云网端存在具有实际的意义，能加速社会化协同水平，同时，数据、信息资源的规模、种类、深度与广度都取决于开放金融的程度；另一方面，云网端为开放金融服务提供了基础设施，也为大数据提供了便捷的信息来源。

基于这样的前提，多家互联网投资平台和倚重互联网业务的金融机构都纷纷打造开放的平台，通过开放接口，并依托引流数据精准营销，挖掘需求盲点，紧抓需求痛点，实现数据共享、服务共享，只是各开放平台所侧重的业务种类、服务对象、综合化水平等有所不同。

自 2014 年开始，互联网技术已逐步渗透和改变整个金融行业，黄金作为金融属性较强的一类商品，也开始受到互联网的冲击。共享金融的建设对共享黄金来说有着很大的借鉴作用，未来共享黄金体系建设也应当从此入手：基于数据资源和数据技术，建立开放性的共享平台，实现黄金交易双方的协同作用和共赢。具体来说，需要做到以下四点。

1. 充分挖掘黄金的资源价值

依托黄金的充裕性（闲置率高）、稀缺性和标准化（价格透明），将操作流程标准化运营，以便能够快速复制业务模式，进行快速扩张。

2. 激发网络效应的平台

通过共享平台建设，可以将连接供应与需求的商机无穷放大，让供和需在平台上无尽循环，释放出惊人的能量。

而一个成功的共享平台，需要具备两个功能：一是激发正向的同边网络效应，也就是当人们看到身边人越来越多通过这个平台获取效益时，会吸引他们也加入；二是激发正向的异边网络效应，也就是随着用户越来越多，会吸引更多的第三方应用或另一些用户入驻。

3. 持续性吸引用户，让用户成规模

共享平台建立之后，需要持续性地吸引用户，促进用户规模增长，只有当用户达到一定规模的时候，才能凸显平台的影响力。

4. 区块链技术维护信任

曾有人做过调查，尽管有超过 80% 的被调查者认为共享经济让生活变得更美好，但也有 69% 的被调查者认为信任可能是一个问题。因此如何构建共享黄金的信任感，是平台要解决的可行性基础问题。最好的方法就是充分利用区块链技术及其逻辑，来运营整个共享平台。

“共享黄金”不是一个虚词，它将会是实实在在的规模性产业存在形式，是互联网信息技术发展到一定阶段，我们财富积累到一定程度，经济结构从投资转入消费后必然会出现的一种产业现象，黄金行业未来也将面对越来越广阔的市场空间，这对于我们每一个人来说将会是一种难得的创富和回馈社会的机遇。

黄金笔记

共享经济这股风已经开始吹起了共享金融这个气球，并正在越吹越大，然而它并不是空心的，而是实心的，里面充斥着千真万确的各类资产和投资渠道，这对我们来说可能是一个新的领域和新的投资操作方式。

那么，在这股风潮中，你觉得黄金共享将会以何种方式实现？

你将如何紧握手中的资产迎接这一波的共享浪潮？

CHAPTER 7 | 第七章

数字时代数字货币启示录

随着互联网的到来，人类也迎来了新的货币形式——数字货币，于是有人预言人类的财富模式将被改变。真是如此吗？要知道，相比这种新兴货币，黄金的“韧性”已经经历了无数次的考验，它无法被入侵、删除，也无法被病毒感染，因为它是实体的。

GOLD KNOWS THE ANSWERS

01

数字货币崛起，被改变的财富

虚实的虚空，凡事都是虚空。

——《圣经·传道书》

货币发展至今已经有上千年的历史，货币的形式也经历了“实物货币—金属货币—信用货币”几个阶段。然而，随着比特币这种虚拟货币的出现，一种全新的货币形式出现在大家的视野中——数字货币，它也成了这几年备受争议的话题之一。

“乐观者”认为数字货币是对传统货币的极大颠覆，未来必然会推翻当今的货币体系；“悲观者”认为，诸如比特币一类的数字货币不过是一种“笑话”，最终会被扼杀。

不管何种论调，身为投资人我们必须明白一点：没有什么比能够实实在在握在手里的“实物”更能给我们的资产带来保障，更能够让我们心安。

数字货币的三大特征

我们之所以知道数字货币这个概念，还得从比特币说起。

当然，数字货币是一种比较广泛的概念，不同的人对此有不同的理解和解读，这里所说的数字货币是指类似比特币这样完全“自发性”形成的，只以数字形式存在的货币。

2008 年，一个自称中本聪的人在一个隐秘的密码学评论组上贴出了一篇研讨陈述，陈述了他对电子货币的新设想——比特币就此面世。

不同于纸币，比特币不是由某一个特定货币机构发行的，它是依据一定算法通过大量的计算产生的，挖掘比特币可以下载专用的比特币运算工具，然后注册各种合作网站，将注册来的用户名和密码填入计算程序，再点击运算就算是正式开始了“挖矿”。其整个的使用和流通仰仗的是区块链技术，完全地去中心化，由整个 P2P 网络中众多节点构成的分布式数据库来确定并记录所有的交易行为，并使用密码学的设计来确保货币流通的各个环节的安全性。

继比特币之后，各种数字货币也开始崛起，如莱特币、狗狗币、瑞波币、Lisk、以太坊、以太币等，并逐渐被大家接受、交易。它不同于支付宝、微信里的“货币数字”——电子货币，数字货币具有独特的三个特性。

一是具有稀缺性。数字货币本身是有价值的，而其价值还会随着市场的变动在一定的范围内波动，比如比特币，其总数量非常有限，该货币系统曾在 4 年内只有不超过 1050 万个，之后的总数量将被永久限制在 2100 万个。

二是具有一定的流通性。如 2015 年，数字货币在欧洲相关国家和地区的交易量就超过了 10 亿欧元，总量虽然不大，但是来势凶猛。

三是具有去中心化、公开透明、防篡改等特性，能够达到保有安全的目的。

凭借着自身的种种优势，有人认为，比特币是人类有史以来，真正意义上用技术手段，而不是法律手段，实现了“私有财产”神圣不可侵犯。正是这种深得人心的技术手段，使人们产生了强大的信任感，比特币因此野蛮生长。曾一度比特币市值已超过 100 亿美元，每日交易量超过 10 亿美元，堪比一家爆发性上涨的上市公司。于是不少人认为未来当今的货币体系将被颠覆，人类的财富方式将被更改。但真的会这样吗？未必！

数字货币难以取代法币

在 2018 年的达沃斯论坛上，世界金融和银行业巨头再次分享了他们对数字货币和区块链技术的态度，与会者大多认可区块链技术的潜力，但比特币却遭受商界领袖的合力“痛击”。

为什么比特币会遭遇如此打击呢？数字货币本身具有什么样的缺点？

1. 总额是恒定的，但社会生产力是不断发展的

不管是比特币还是其他的数字货币，其总量是恒定的，但是我们的社会生产力不断发展，当数字货币供应满足不了不断增加的社会现实，必然造成通货紧缩，此时，拥有数字货币的人会保持持有，以及比特币在市场上的购买量逐渐增加，这就会导致市场上流通的货币越来越少、越来越贵，最后不得不放弃数字货币。

反过来看国家发行的法币。法币一般是国家根据统计部门对社会的统计以及对未来社会生产力的估算，并结合当前的国际局势和国家战略进行发行的，这样就在很大程度上保证了市场货币供给量，同时保证币值相对的稳定或者轻度的通货膨胀。只要政府的信用还在，人们就愿意使用这样的货币在市场上交易流通，从而促进社会的生产和发展。这是“自发性”数字货币完全做不到的。

2. 数字货币的计算方式对社会生产没有价值

数字货币的发行和生产采用的是特定的计算方式，但是这种计算方式对社会生产来说没有任何的价值。数字货币获得复杂的计算方法需要大量的时间资源，同时这种计算方法掌握在少数人的手中，让早期持有数字货币的人，天然再对后期进入的人进行收割。任何货币的发行过程关键在于和社会资源是否对应，显然，数字货币获得的计算方式难以与社会资源相对应。

3. 数字货币缺点一目了然

虽然数字货币拥有去中心化等优点，但是缺点也一目了然，交易平台非常脆弱，网站容易遭受黑客攻击，而且数字货币价格波动极大，很多炒家会进行投机行为，导致其价格频繁剧烈波动，同时，其复杂的计算原理也让很多普通大众难以理解和操作。

当然，比特币作为一种数字货币的试验，肯定会长期存在，它自身的属性特点也决定了没有任何一个国家和组织有能力消灭它。但我们要明白，比特币暂时不可能取代法币，也不可能拥有完整的货币属性，如果作为投资，也许值得尝试，但是风险依然比黄金投资大了太多，它更为重要的意义在于对当今货币体系所带来的颠覆和创新。

数字资产正在兴起

虽然数字货币很难取代法币，但是我们要看到其背后正在兴起的另一种资产形式——数字资产。

什么是数字资产?

广义上来看，数字资产是指个人、企业拥有或控制的以电子数据形式存在的资产形式，在日常活动中持有用来交换或行权对应的实物资产；而狭义上，则专指数字货币。

如今，区块链、人工智能、大数据成为了金融科技的三大支柱，特别是区块链或许会是10年后的“互联网”。同时，各国都非常注重“数字化”。比如中国在十九大期间就明确提出加快建设数字中国，要求进一步完善数字基础设施，推进数据资源整合和开放共享，保障数据安全。

可以预见，随着数字货币对货币体系的颠覆和创新，数字化进程的加快，数字资产将会是未来非常重要的资产形式。而作为金融市场和我们资产中的“重头戏”——黄金，必然也会顺应这一趋势，在市场运作上更加“数字化”，这一趋势在给黄金交易带来极大便利的同时，也会让黄金成为广义数字资产的一员。

当然作为投资者，奋战于金融市场，更看重的可能是狭义的数字资产，也就是数字货币的投资价值，但我们始终应该明白一点：黄金与狭义的数字资产终究有着本质的区别，其背后对应的始终是沉甸甸的实物，这份“实在”可以让我们很好地保证资产的安全。

02

打破货币体系“三大难”

最轻微的运动可以影响整个自然，一块岩石可以使大海发生变化。

——法国哲学家 帕斯卡尔

金融投资，每一个细小的变化都可能改变着市场的走向，我们从来不敢掉以轻心。今天数字货币也许正在革金融市场的命。

2016年年初，英国央行研究发行数字货币，其首席经济学家甚至说：“改用数字货币将是‘伟大的技术大跃进’。”

同年，中国央行发行数字货币方面也取得了新进展，央行推动的基于区块链的数字票据交易平台已测试成功，由央行发行的法定数字货币还保证了金融政策的连贯性和货币政策的完整性。

虽然这些所谓的“数字货币”其本质不是我们上一节所说的数字货币，只不过是货币的数字化，但我们必须看到它是数字货币带给我们现行货币体系的一种创新式运作方式，正极大地影响着我们的投资行为。

数字货币带来的冲击

数字货币这种无国界、去中心化、匿名的货币体系受到了很多人的追捧。但是无论具有怎样的魔力，还不足以替代现在的法币，只是其运作方式对现代货币体系建设具有非常重要的启示意义。

第一，数字货币的基础是一套运算加密的计算机算法，融合了分布式时间戳、公共密钥和工作系统证明，这对改革当前的电子商务交易方式有着极其重要的参考意义，是金融行业未来的风向标。

第二，数字货币去中心化，对未来金融的影响在于金融资产可以在全球低成本地转移，靠全球的 P2P 信用体系自治，从而舍去了巨大的可信第三方成本，也就是说银行在金融中的地位将被削弱，这是国家所不愿意看到的，各国银行必然会采用各种新的工具和技术，加强自身对金融系统的“控制权”，因此必然顺应这样的趋势，建立其自身的“数字货币”，也就是货币数字化。

第三，数字货币技术在不断创新升级，支付确认时间更快，支付方式更便捷，通过手机客户端就能完成交易，这更奠定了无纸币时代将成为世界未来发展的必然趋势。

也正是由于数字货币这三个重要的启示，加之全球以互联网金融为主的创新模式正在飞速发展，世界央行们纷纷跨入了数字货币时代。

国家队出场，央行“数字货币”

简单来理解，央行的数字货币和大家头脑中的数字货币不一样，它更准确的叫法应该是数字货币电子支付（DCEP），以区块链技术或分布式账本技术为基础，也可以是以现有电子技术为基础，本质上是追求零售支付系统的方便性、快捷性、低成本，同时考虑安全性和保护隐私。

和比特币这种严格意义上的数字货币不同，央行的数字货币一定是中心化的，在形式上，最有可能就是央行联合国有银行和股份制商业银行一起，搞一个“数字联盟”，推出所谓的“数字货币”，其管理也将和传统货币整合，在央行的框架下一体化运行。同时，央行发行的“数字货币”能够保证国家对货币发行主权的控制权。

另外，二者在着力点和实现手段上不同。数字货币价格出现很多波动，主要是因其着力点大多在虚拟资产交易方面，技术上也更为偏向矿源开发、挖矿算法上，没有专注于数字货币在零售支付方面的应用；而央行的“数字货币”其本质就是各国的法币，技术针对的是零售支付系统，服务的是实体经济，在整个发展过程中，非常注重有序研发和测试，系统的稳定性更有保证。

央行数字货币的发展既有技术发展上的必然性，也可以给现行货币系统带来三大突破。

一是将货币进行数字编程，能够被指定用途和路径，因此借贷去向变得可以控制。

二是货币数字化可以搭载智能合约，对于支付和清算体系的升级提供了可能性。

三是货币数字化具备可溯源的特性，使得所有人的信用档案和交易都可验证，这有助于征信体系的建设。

总的来说，和真正意义上的数字货币相比，央行的“数字货币”其优越性在于可以充分做到交易流通，并可监管、可溯源，且用户获得简便、无门槛。

如今各国央行纷纷探索货币数字化道路，并取得了相应的成绩。以中国央行为例。

央行在 2014 年就成立了研究法定数字货币小组，数字货币的发行将由央行主导，在保持纸币发行的同时，流通中的现金由一部分“数字货币”替代。发行者可以采用安全芯片为载体，来保护密钥和算法运算过程中的安全。总体框架还是在中央银行和商业银行二元体系下完成，中央银行负责数字货币的发行与验证检测，商业银行负责申请数字货币，直接面向社会，搭建应用生态体系。

纸币时代走向终结，数字货币时代可期

移动支付微信钱包、支付宝的普及已经让电子货币快速渗透进了我们的生活，很多人特别是年轻人已经不经常使用纸币了，那么央行的“数字货币”会不会成为压垮纸币的最后一根稻草？也不是没有可能。

2015 年年末，人民币的广义货币 M2[①]余额为 139.23 万亿元，流通中的现金为 6.32 万亿元，需要由央行印制发行的现金数量已经降到了不足 5%。由此可以看出，现金比重的下降和基于区块链的算法货币的上升，已是大势所趋。

但是不管其货币发行和流通形式如何变动，货币的本质并没有被改变，也就是说，我们所拥有的财富本质是没有变化的，依旧是现行的货币，那么相应地，我们让资产保值、增值的手段也就不会出现本质的变化，黄金投资对我们来说依然是非常重要的。且数字货币的崛起，也从侧面印证了黄金的不可替代性。

---

① M2：广义货币，流通中的现金＋企业活期存款＋居民储蓄存款＋其他存款。

03

数字货币和黄金的爱恨情仇

> 在宇宙中一切事物都是互相关联的，宇宙本身不过是一条原因和结果的无穷的锁链。
>
> ——法国哲学家　霍尔巴赫

2016 年，黄金可谓是大起大落。从年初开始涨至年中最高触及 1375.31 美元 / 盎司，而后又大幅回落，期间除了美元走强、债券收益率走高以及股票市场上涨提升了持有黄金的机会成本等因素外，还与比特币脱不开关系。

2017 年五一假期结束，国际黄金价格又遭受到了一波空头的洗劫，相比黄金的弱势，比特币却异军突起，带给了市场不一样的景色。

2018 年年初，在股市和比特币双双暴跌后，避险情绪涌入市场，黄金从1340美元/盎司下方回升。

……

也许黄金和比特币看似无关，其实它们共处于金融这根锁链中，息息相关，甚至已经开始擦出种种火花。

以比特币为代表的数字货币和黄金很像

之所以很多人会将黄金和比特币做对比，是因为二者都具备避险属性，也就是可以保值、增值，其相似性主要体现在以下两点。

1. 稀缺性

法币是靠政府信用担保的信用货币，政府的信用包含意愿、能力和行为三要素，是一种“强制”的“教化”过程，需要一定的国家军事保证。但是黄金作为货币不需要任何国家的军事保证，因为它具有法币没有的稀缺性。同样，比特币通过“挖矿”产生，流通数量是有固定上限的，和黄金一样具备稀缺性，其本身拥有价值，这也是比特币能够保值、增值的根本原因所在。如果数字货币本身没缺陷，多年后交易量、流动性、商品属性达到标准，相信会有央行将其纳入储备，“趋利避害”。

2. 不可干涉性

黄金价格虽然会受美元指数等因素的影响，但不是哪一个国家或个人就能够操纵的，其价格根本上还是市场说了算；同样，数字货币也是如此，没有一个国家或个人能够操纵比特币，价格依旧是由市场决定。

正是这样的共性，基于区块链的数字货币，经常被认为能够像黄金一样成为全球的避险资产，同时数字货币还有一些黄金所没有的功能，如低手续费、快速转移能力、去中心化性质等。

因为避险属性的共同性也导致了比特币和黄金的“竞争”关系，当比特币价格持续走强时，必然会让一些投资者抽调黄金转投比特币，这是利空黄金的。所以很多人士分析 2016 年、2017 年黄金价格的波动和比特币有着脱不开的关系，更是有不少币圈人士认为随着比特币使用的不断普及，波动率不断降低，黄金的地位已经开始受到威胁，数字货币将会取代黄金。但是本质来看，数字货币要真正在中长期影响黄金价格甚至改变金融市场格局，还有很远的距离。

黄金依旧是黄金，黄金投资永远不会过时

为什么说数字货币难以取代黄金成为保值工具？理由如下。

1. 数字货币更接近法币

自金本位结束后，货币与黄金脱钩，但是从那之后，美元的货币供应量持续增加，与之对应的则是美元购买力的持续下降，而以美元计价的金价虽然有所波折但总体是上涨的。因为不论金融市场如何发展，黄金自始至终都有黄金这个实物商品做背书。

然而数字货币背后没有任何的支撑，也完全没有实物商品背书，虽然总量有限，但限度却是人为的，这和黄金有限供应不同。因此，通过购买数字货币对冲风险，其实不过是购买了另一种全球性的法币而已。

2. 数字货币的流通性比不上黄金

黄金是现存商品中最具流通性的，在任何的地方人们都愿意用货币交换黄金。而数字货币则不然。虽然越来越多的市场开始接受比特币，但距离主流真正接受还有很长的距离。

世界黄金协会强调了一个事实，即黄金的日常流动性要高得多。据世界黄金协会 WGC 估计，与黄金每日 2500 亿美元的交易量相比，比特币平均每日的交易价值约为 20 亿美元，大致相当于全球黄金 ETF 的每日交易数额。也就是说，比特币平均每日的交易数额还不到黄金市场每日总交易额的 1%。

3. 黄金的市场规模是数字货币难以企及的

支撑黄金巨大流动性的是一个无比庞大的市场规模，据 WGC 数据显示，全球所有被开采出的黄金总计价值 7.8 万亿美元。而整个数字货币市场目前的市值不过 1600 多亿元，难以满足我们社会生产的需求。

4. 安全性是数字货币的死穴

完全仰仗互联网技术的数字货币安全性是非常重要的，但是每隔一段时间，总会出现一些黑客偷盗的新闻，与之对比，我们却极少听到黄金被从金库中偷走。

5. 数字货币泡沫大

不少华尔街资深投资者都认为，眼下数字货币的疯涨和 20 世纪 90 年代的互联网泡沫相似。当然，在那一轮泡沫破裂后留下了真正有价值的互联网企业，但是目前在数字货币的泡沫中，没有人知道到底哪种数字货币会是幸存者。也就是说，未来也许大部分的数字货币会一文不值。

如今，各国央行也踌躇满志地要发行数字货币，那么很可能会让竞争对手的数字货币变成非法的。这和美国 1837—1863 年私人印钞被宣布违法并不会有太大区别（那时是美国自由银行时代，私人可以开银行、印钞）。

6. 数字货币没有黄金这样悠久的保值历史

黄金被当作保值工具已经有上千年的历史，久经考验，市场了解黄金和货币、债券、股市等之间的关系，也知道在经济衰退的时候黄金会有怎样的表现。而数字货币发展至今不到 10 年的历史，市场并不知道面对各种情况时数字货币会有如何表现，因此具有更多的不确定性和更大的风险。

7. 监管会成为数字货币最难迈过的门槛

黄金交易经过历史的检验，金融监管已经成为市场一部分，但数字货币如何反洗钱和反恐怖融资监管，仍然是一个难题，理论上都在研究中，缺乏监管限制了大部分机构投资者的进入。

8. 投机推动数字货币价格

比特币从诞生到2016年，8年时间涨幅100万倍，但2017年年底到2018年年初价格开始暴跌，较历史峰值下跌近80%。这样的快速涨跌幅实在很难让人不认为这是泡沫。相比之下，比特币的波动率是以美元计价的黄金的十倍。也正是这样剧烈的价格波动，让比特币作为支付工具的模式越来越少，也决定了它不适合作为资产保存。

而对大部分买入比特币的人来说，目的只有一个：以更高的价格卖出。这和买入黄金寻求保值是不同的。有不少资深投资者认为，数字货币为投资者提供了一个热门投机品种，但不是一个安全的避风港。

总之，每当市场的避险情绪升温，很多精明的投资者都会选择价值稳定的黄金作为避险资产，而不会冒险选择比特币这样的“过山车”产品，黄金的地位是比特币等数字货币无法撼动的。

互联网 + 黄金 + 数字货币

虽然数字货币还很难取代黄金，但是一些聪明的数字货币却开始借鉴黄金的模式来发展自身，比如WCG(华克金)。

与所有数字货币一样，WCG拥有稀缺性、不可再生性和总量恒定的特点，具有一定的收藏与保值价值，其运行基础也依赖于区块链的共识机制。但是与其他数字货币不一样，它以黄金基础价作为参考价，其计量单位与黄金一样都为克，具备黄金的稀缺性质、价格稳定性质，因此被定义成为“数字黄金”。黄金具有独特的流通性，该社区将华克金流通到各方各面的商业生态圈，也被共识为一种投资媒介。作为社区储存的价值性，它的区块链共识设计是储存黄金获得黄金机制，任何人存储华克金都会获得由区块链奖励的储存收益。该储存收益方式为储存高达 100 克的华克金，当区块高度达到累计 172800 个高度，即可获得 3% 的储存效益，直到 3 亿克的华克金发送完毕。这种储存共识，有效地让该社区群体储存华克金作为一种数字资产。

在设计商业生态方面，WCG 的发展遵循的是互联网商业模式，利用了链接、粉丝、大数据等因素，通过商业体、金融体打造了一个“华克链”，它更被定义为“点对点的加密资产交易链”，华克链最根本的革新是透明锻造①（Transparent Forging），使得每秒处理上千次交易成为可能，并作为一个点对点的交易平台，利用区块链技术全面革新金融领域，提供数字股权、数字证券、数字权

①透明锻造：华克金的锻造不是真正意义上的挖矿，华克金的“透明锻造”功能使得华克金不需要“挖矿”，而是使用旧账户的余额“锻造”新区块，参与“锻造”新区块的账户有权获得交易费用作为奖励。这个机制可以让每一个客户端能够自动决定下一个区块由哪个服务器节点负责产生，这样的话客户端就能节省中间环节，可以将交易记录直接发送到该节点，能让交易确认的时间缩短到最短。

益等加密交易服务。华克链发起的世界加密组织已为其设定了 4 个发展阶段。

华克链 1.0：打通基础底层、钱包应用，线下交易、线上交易，点对点、币对币场景应用，目前，WCG 已经完成华克链 1.0 建设。

华克链 2.0：实现流通货币性质、流通积分性质、流通资产性质，通过透明锻造革新技术，衍生法定货币结算衍生币，创建全球积分兑换衍生币，创建数字股权衍生币广泛流通。

华克链 3.0：社区循环，通过 DAO[①] 构建去中心化自治组织，促使衍生股权资产的广泛流通，通过智能交易更为方便地进行流通。

华克链 4.0：向社会扩展，最终形成去中心化自治社会，凭据其完善的生态系统，实现数字股权，智能权益完全广泛流通，以去中心化的投票进行自主社会管理。

目前华克链建设已进入 2.0，并将创新性地把华克链应用于黄金交易，为黄金现货市场带来实实在在的信任价值增值，让华克链投资者将不再只是依附于“纸黄金”和“黄金储备银行”等仅部分基于真实资产的衍生产品交易平台，而是通过供应黄金的区块链产品手握坚实的后盾。

也正是这些独特的特点和机制，促成了 WCG 稳定增

① DAO: Data Access Object，一个数据访问接口。

值的优势条件，吸引了很多的投资者储存维护 WCG，让 WCG 备受市场青睐。而其华克链的建设，对黄金市场特别是共享黄金的发展也有着一定的借鉴意义。

WCG 的崛起一方面印证了数字货币的生命力，未来数字资产或许将成为我们财富的重要组成部分，另一方面也间接展现了黄金的魅力——稀缺、稳定、保值以及共享的潜在力，它的这些特性对任何投资产品和投资市场来说，都具有非常重要的参考价值，这也巩固了黄金在投资市场长久的影响力。对我们个人投资者来说，则是更加坚定了对黄金的信心，在考虑增加资产新的组合形式时，更是要加强黄金这种“基础资产”的投入和优化。而华克金的生态链则可以让我们在互联网时代更好地洞察未来黄金市场的发展趋势，对未来的投资方法和方式有着很好的预判，做好未雨绸缪。

黄金笔记

数字资产的崛起确实挺让人“惊喜”的，尽管数字货币市场大起大落，它却像打不死的“小强”，呈现出顽强的生命力，并且正在逐渐适应着整个金融环境，不断进化、完善。但是离最终的财富颠覆终究差着那么点实力。

这时，你会买进数字货币吗？

你是否真正认识到了黄金恒久的魅力？

你是否考虑新的资产组合形式？

CHAPTER 8 | 第八章

中国调整新常态

“不患寡，而患不均”，世界黄金市场的发展并不是公平的，长期以来，黄金投资仰仗的都是国外市场，但是今天，中国黄金市场的发展已从模仿进入了新的发展阶段，和中国经济一样已形成中国特色，在这样的“新常态”中，中国黄金市场以及个人投资将迎来新的机遇。

GOLD KNOWS THE ANSWERS

01

中国："链接"新业务

凡事有经必有权，有法必有化。一知其经，即变其权；一知其法，即功于化。

——石涛《画语录》

掌握规律的人必将掌握主导权，也许相比美国、英国等一些重要的国际黄金市场，我国的黄金市场开放较晚，但是随着中国经济的发展和市场规律的运用，我们开始主宰自己的命运，更是开创出了自己的道路。

在今天的中国黄金市场，金条、金币、金首饰、纸黄金……只有你想不到，没有你买不到，并且借助互联网技术的加持，黄金及延伸品交易更便捷、更快、更个性，心情好了来个黄金私人定制，也根本不在话下——这是时代的进步，中国的进步！

作为个人投资者，我们更需要洞察这样的变化，让自己牢牢把握中国黄金市场的运行特点，利用家门口的便利，更好地实行自身的“财富权杖”。

中国的经济发展与黄金市场

20 世纪 90 年代末至今，中国的经济发展一直备受世界瞩目，也已经从一个贫穷的欠发达国家成为一个日益繁荣的“中等收入”国家。

中国人口从农村涌向城市，受益于中国不断增长的国内贸易、改善的交通基础设施以及政府支持的直接投资的政策等因素，中国已经拥有超过 140 个人口规模百万以上的城市，经济的增长和城镇人口的繁荣带动了中国中产阶层的迅速发展，同时大量的三四线城市也会经历中产阶层的不断壮大，而这个群体的财富和消费也会持续增加。

有数据表明：到了 2020 年，中国中产阶层人口预计将从 3 亿增加到 5 亿，中国的财富将越来越多地在全国以及整个人口中共享。

而这些都会成为支撑黄金需求的重要因素，更多的人将有更多的可支配收入花费在投资理财上。也就是说，收入和储蓄的增长，将支持黄金及其他理财产品投资需求的增长。

当然，中国想要从投资主导型经济转变为消费型经济不是没有困难，目前 GDP 的增长速度也有所放慢，消费者整体开支的增长速度很可能会超过 GDP 的增长速度，但是即便 2014 年至今下降到保守的平均值 6%，巨额的公众储蓄只会由于经济扩张而越聚越多，人们也将有更多的可支配收入投入到金融理财等方面。这意味着黄金投资需求将有大量的增长空间，同时也带来了我国黄金市场新常态——黄金消费疲软，投资崛起。

我国黄金市场新常态：消费疲软，投资崛起

我国的黄金消费市场是由黄金首饰、金条 / 金币、工业用金以及其他的需求构成的，其中黄金首饰是重头戏，市场份额占到 6 成以上。因此黄金首饰的消费情况很大程度上能够代表黄金消费的情况。

受益于政策开放、金价上涨和消费升级等经济发展因素，21 世纪初，黄金首饰是我国增长最快的消费品类之一。但是高速增长之后，随着我国经济的新常态出现，黄金首饰消费正在进入变革期和调整期，这种转变主要有以下三个原因。

第一，我国宏观经济下行，黄金首饰消费需求开始降温，特别是消费主体的演变，“80 后”“90 后”年轻人群对时尚珠宝的偏爱，一定程度上压制了传统黄金首饰的需求。

第二，金价单边上涨[1]结束，消费需求透支。自 2013 年以来，国际黄金现价非常不稳定，屡次出现断崖式急跌，诱发“抢金潮”的同时也透支了消费需求，高增长已经不可持续。

第三，零售渠道趋于饱和，跑马圈地短板凸显。自 2003 年黄金商品市场管制开放以来，各大珠宝批发、零售商纷纷依靠规模增长、渠道扩张进行跑马圈地抢占市场，形成了以百货专柜为主、专卖店为辅的渠道结构，并快速下沉至三四线城市，增量市场的开拓空间已经十分有限，同时这种扩张模式还造成了产品同质化、品牌附加值低的现状。另外，新零售崛起，线上产品、渠道分流，消费者可选择奢侈品品类增多，对黄金首饰的销量也产生了一定的影响。

这三大原因，都促使了中国当今黄金首饰消费市场的新变革。但是与之相反的却是黄金投资需求已经重拾上升趋势。由于宏观经济驱动，政治和地缘政治风险升高、货币贬值担忧等因素影响，人们对黄金的兴趣保持高位，世界各地的投资者大批回归黄金市场。黄金，已成为新的投资主轴！

2017 年，《2016 年互联网黄金报告》在京发布。报告显示，2016 年，全球黄金需求达 4309 吨，同比增长

① 单边上涨：指股票无规模性的规范的调整，从开盘就一路上扬，这里指金价一路上扬。

2%，黄金需求经历数年跌势后重回上升通道。而从黄金需求的子类看，黄金投资需求激增 70%，创四年来新高；而金饰消费需求走低，同比下降 15%。

随着收入的增加，人们更加注重财富的保值增值。2013—2015 年个人储蓄即现金资产在资产配置中的占比以 4% 的年均复合增长率下降，一部分的储蓄资产流向了黄金、私募股权、基金理财等境内投资。且全球主要经济体仍维持低利率政策，货币竞相贬值，美国经济数据不尽如人意，美联储加息步伐或将放缓等诸多政治、经济因素，避险情绪持续升温，金价仍有较大的上行空间，且我国黄金资产配置率处于低位，严重低于国际水平，未来黄金在中国家庭资产配置中将占有越来越重要的地位。加之互联网黄金投资的兴起，不论是在品种还是渠道上，都带来极大的便利，让黄金投资得以在更多人之间普及，黄金的金融属性日益凸显，投资市场将会进一步扩大。

基于这样的黄金市场新常态，黄金投资将被更多人重视、操作，链接投融资功能的新型业务不断诞生，其中最显著的表现就是金融化和互联网化。

我国黄金投资新趋势：金融化和互联网化

黄金的金融属性来源于借贷业务。

黄金本身是具有很好流动性的资产，能够快速地从金融方到借金方流通，发挥链接投融资功能。只是过去黄金不被认为是生息资产，人们对黄金投资的获利主要依赖金价的波动，但是当实际利率上升或经济形势大好时，投资生息或分红资产的收益便会远好过投资黄金。同时信用货币时代，黄金实际上已经失去货币功能，黄金金融的主体通常是黄金产业链上的用金企业，存在一定的行业壁垒，因此很多机构或个人投资者并不能广泛参与。因此，黄金的金融属性一定程度上是被压制的。这种局面直到 20 世纪 90 年代才得以改变。

20 世纪 90 年代，衍生金融工具蓬勃发展使得管理风险更为容易，产品的定价也更为灵活，黄金借贷规模快速增长，黄金借贷市场便得到了进一步的拓展。发展到今天，外国黄金借贷市场已经非常发达，市场上流通的黄金有相当部分来源于借贷的黄金，其模式是中央银行借给商业银行，再由商业银行借给用金企业用于生产或预售进行套保[①]。

我国的黄金租赁市场建立时间不长，但是发展十分迅

①套保：套期保值，指在现货市场和期货市场对同一种类的商品同时进行数量相等但方向相反的买卖活动，即在买进或卖出实货的同时，在期货市场上卖出或买进同等数量的期货，经过一段时间，当价格变动使现货买卖上出现盈亏时，可由期货交易上的亏盈得到抵消或弥补。从而在“现”与“期”之间、近期和远期之间建立一种对冲机制，以使价格风险降到最低限度。

速。在上海黄金交易所2012年出现黄金租借业务之前，虽然一些银行也存在黄金租借的活动，但是仅仅是一种银行自身的业务，还不能算是实质意义上的租借市场。而2012年后，黄金租赁市场快速发展，目前已经达到了千吨级别，同时不同期限的黄金租赁市场也正在形成。

在我国的黄金租赁市场中商业银行占据主导地位，占比近八成。在授信额度内，商业银行对符合条件的企业出租黄金，一般是业内的大型企业，企业按照合同约定支付一定的租赁费用，到期后再把实物黄金归还给银行。

与黄金租赁业务同步增长的还有黄金回购业务。全球金矿产量与黄金存量的比例仅为1.7%，并且这个比值逐年下降，回购黄金便与矿产金、进口金一起组成国内黄金供给的“三驾马车”。同时随着实物黄金、零售消费、互联网黄金业务的进一步扩大，黄金供给将会更多地依赖已有的存量黄金，黄金回购业务还会进一步大幅增长。2015年，国内黄金回购业务量与黄金零售量的比值为29%，据预测，2020年，黄金回购量与黄金零售量的比值将会扩大到50%以上，规模达800吨以上。

那么，黄金金融化对我们个人投资来说意味着什么呢？意味着黄金生息！当我们个人把黄金借给银行或其他金融机构，它们再将黄金借给黄金产业链上的企业，个人投资者便可以享有利息收益权了。

除了金融化，互联网化也是一个不可忽视的趋势。

依托互联网技术，互联网用户的普及和网络交易习惯的养成，政府在国家战略层面上积极推进“互联网 +”计划，金融交易互联化发展迅猛，“互联网 + 黄金”不仅将黄金银行业务与互联网渠道相结合，建立起个人及机构和黄金产业链之间的互联网黄金平台，更会使得不少巨头公司涉足，诞生新兴黄金投资业务，黄金投资不仅便捷，更是多元化发展，这样即便是黄金投资“小白”也能够投资黄金了。

02

黄金生产领域的“供给侧改革”正式启动

规矩备具，而能出于规矩之外；变化不测，而亦不背于规矩之外。

——宋·吕本中

在我国黄金勘探市场一直有一支神秘的队伍——组建30多年的中国武警黄金部队。这是世界上唯一的寻宝部队，神秘的面纱从未被揭开过，迄今为止已经累计探获黄金资源1800多吨，连续在山东、内蒙古等地发现多个特大型金矿。

但是在2016年，国家取消了开采黄金矿产的资质认定，这支神秘的部队职能也经历了一次大调整：由为国寻金转向地质服务。而国家的这个决定对于黄金行业来讲是一件大事，意味着黄金开采门槛大幅降低，也可以理解为黄金生产领域的“供给侧结构性改革”。

而对我们个人投资者来说，不管今后世事如何，我们要明白：变革从来不是一件冒进的事情，它既有完善的制度，也有着不可预测的变化，但无论如何都不会违背事物的发展规律。因此正确的投资姿态，便是牢牢立足中国金融市场的本质特点，利用其改革浪潮，静待“红利”的到来。

中国经济新常态，黄金面临供给侧改革

经过改革开放40年的发展，中国已经成功步入中等收入国家行列，但是随着人口红利消失、“中等收入陷阱”风险积累、国际经济格局深刻调整等一系列内因与外因的作用，中国经济无论是需求侧还是供给侧都发生了重大变化，经济发展迎来“新常态”。

在这样的经济背景下，黄金的供给侧也正发生着变化，具体表现在两大方面。

一是黄金在供给方面正全方位地走弱。在矿业方面，一些主要金矿产量减少，一些开采历史悠久的金矿受到矿石品位下降的影响，生产成本居高不下。另外，受近几年各大生产商缩减固定投资的影响，黄金矿产量减少的趋势还将持续下去。同时黄金回收行业发展虽然呈现增长态势，但是依旧面临生产弹性不足及库存减少的挑战。

二是黄金在需求侧存在较大的增长空间。黄金的需求源自工业、首饰和投资等方面。虽然黄金消费呈现疲软态势，但是黄金投资需求增长。比如，2017 年中国第二季度金条和金币的市场需求却比去年同期增长了 56%。综合 2016 年第四季度国内需求创历史纪录的增长及 2017 年第一季度同比增长 30% 的表现，2017 年第二季度的这种“逆季性”增长进一步说明，中国消费者尤其是高净值群体对金条和金币已形成了稳定的习惯性投资需求。另外，据我国央行 2015 年 6 月首次公布的黄金储备数据，相比其他黄金储备大国，我国央行的黄金储备比例偏低，未来进一步增加黄金储备的空间和可能性较大。

整体而言，中国黄金市场开市出现供需不平衡现象，与此同时，黄金市场的国际竞争也在不断加剧，行业新矛盾也在暴露出来，如非法交易平台的野蛮生长。

黄金产业不仅事关大家的财富储藏和首饰等消费需求，其天然货币属性更是关乎国家资产储备安全、人民币币值稳定和国际化进程，乃至综合国力的提升。因此，深入推进黄金产业供给侧改革，解决我国黄金产业存在的有效供给不足问题，推进黄金产业转型升级，具有重大的意义。

四大增长动力看黄金供给侧改革

2016 年 12 月 18 日至 20 日召开的中央经济工作会

议，首次提出习近平新时代中国特色社会主义经济思想，并指出中国特色社会主义进入了新时代，我国经济发展也进入了新时代，基本特征就是我国经济已由高速增长阶段转向高质量发展阶段。

那么，习近平新时代中国特色社会主义经济思想，如何更好地贯穿在中国黄金市场的建设当中？十九大后，中国黄金市场的发展将有哪些新特征？

1. 市场需求与供给将更加匹配

比如，2017 年上海黄金交易所规则中增设了做市商制度下的报价交易，这是对国内黄金市场交易品类的一次很重要补充。

合法平台做市商交易制度的设立，既能有效满足国内用户的交易需求，也将有效阻隔外盘入侵的机会；互联网平台积极推出符合消费需求的黄金投资新产品；黄金珠宝行业启动个性化、定制化服务，以便满足当下年轻消费群体的需求……

在中国经济结构转型和产业升级的客观要求下，中国黄金市场的参与者正在逐渐发挥黄金独有的商品金融双重属性，在产品创新、消费升级、资源配置、金融深化等方面做足文章。

2. 由服务市场为核心向服务产业为核心转变

曾经金融机构是围绕金融市场为核心发展相关业务的，比如，前几年期货行业内多数的机构发展重点都在平台经济相关的业务上，但是很多机构开始重视与产业企业的合作，更重视金融业务的脱虚向实。比如一些金融创新业务更重视服务实体企业，许多金融机构在做基于黄金期货合约的场外期权，让更多金融衍生品为企业的风险管理综合解决方案发挥重要作用，而不是为市场增加杠杆。

黄金产业的集中度、产量与利率比例和早期项目的融资问题，正在促进相关企业、金融机构发生变革。

3. 行业创新氛围更加浓厚，为市场发展创造新动能

为了迎合消费升级的需求，黄金产品及衍生品不断创新；黄金借贷市场兴起，正在有效解决黄金库存积压和企业用金之间的矛盾；国内黄金交易品类日益丰富，通过合法平台启动做市商等交易模式正在获得越来越多的用户青睐……中国黄金市场化进程整体是开放务实的。

4. 市场监管与市场发展将更加协调

国家正在加大金融市场的监管力度，对地方交易所的整治力度正在加强，清理整顿金融市场力度加大，其目的就是要把金融资源引导至实体经济。未来市场监管与市场发展将更加协调。

中国黄金市场在经过几轮的发展、变革后，去杠杆和服务实体经济已经成为金融行业发展的主基调，在这样的趋势当中，黄金将会在我国经济发展过程中发挥越来越重要的作用，对我们个人投资者来说黄金生息将会越来越轻而易举。

03

政策开放催熟市场

蒲草没有泥，岂能发长。芦荻没有水，岂能生发。

——《圣经·约伯记》

2016年4月，上海黄金交易所宣布全球首个以人民币计价的黄金基准价格正式“起航”，引发全球市场关注。紧接着，香港金银贸易方面公开表示，与中国工商银行展开合作，计划打造一个10亿港元的大型项目，其中包括保税仓库、交易大厅等，整个筹建过程约需2年时间，项目一旦落成，可能成为世界最大的金库及黄金交易中心……

随着“上海金”“香港金”等航母级黄金战略相继起航，以人民币定价的黄金市场将迎来新一轮的发展。

任何事物的发展都离不开基础，不打好基础或脱离了基础是无法发展的。就像我们做金融投资，对金融市场的了解、消息面和技术面的分析技巧等便是我们的基础。而对于中国黄金市场来说，政策开放便是其得以发展的基础。

黄金进出口政策解禁和“一带一路”

20世纪80年代，我国黄金首饰市场逐步放开，黄金首饰可以实行来料加工，在外销售。

1999年，黄金的进出口政策高度封闭，一切由央行统一调配。

2003年，我国黄金市场开放一年后，经央行和外经贸部批准，中国银行、中国工商银行、中国建设银行、中国农业银行四大国有商业银行获得黄金进出口权，但其进出口权仍需由央行代理进行。

在2003年以前，我国只有中国人民银行具有黄金进口资格，即海外黄金进入中国市场，只能通过中国人民银行这一个渠道。所以这是一个半封闭、半市场化的渠道。

其实在2015年以前，作为一种特殊的商品，黄金及其制品的加工贸易出口一直都是由政府有关管理部门和人民银行进行审批，直到2015年，我国首个规范黄金及黄金制品进出口行为的法律性文件《黄金及黄金制品进出口管理办法》正式实施，标志着中国黄金市场对外开放的大门面向全球正式打开，这是中国黄金市场一个标志性的事件。

中国黄金市场开放是大势所趋：一方面，新规旨在进一步发展中国黄金市场，而不是放任自流，而数量审批和准许证制度有助于监管层对黄金的进出口数量有明确的概念，从而更好地与金融市场和宏观经济相协调；另一方面，中国作为全球最大的黄金消费国，正在黄金定价方面获得更大的话语权。2014 年中国推出黄金国际版，2016 年正式推出人民币黄金定盘价，这些都需要更加开放透明的市场环境，才可能在国际投资者中产生影响。黄金新规的推出主要是进口权从银行，扩围至部分大型黄金企业，这样就扩大了中国黄金市场的参与者，会为中国黄金价格提供多样性的参与方，对于形成人民币的黄金基准价是相辅相成的。

新政催生新业态、新兴产业模式，黄金产业的资源整合、并购、投融资步伐将加快，这也将进一步促进中国黄金新业务及供给侧改革：产金企业积极与国际接轨，黄金交易所产品不断丰富、制度不断完善、国际版建设加快，商业银行不断加入到全球价格体系制定，大型黄金产业巨头转型实现产业与金融的紧密融合……中国的黄金市场正在不断地成熟壮大。

同时国家“一带一路”倡议也为我国黄金工业的发展

指明了前进的方向。

在“一带一路”的沿线国家，约占全球黄金资源量的42%，黄金产量有1150多吨，约是全球黄金产量的36%；这些国家的黄金消费量约占全球黄金消费量的80%，其中首饰用金占全球的88%，实物投资用金占全球的72%；在全球十大黄金交易市场中，“一带一路”沿线国家占有6个，其中，上海、印度和迪拜三家黄金交易所期货交易量占全球总交易量的15%。

可以说，“一带一路”是“黄金之路”，中国黄金产业与“一带一路”沿线国家资源、消费、投资等有机对接，在全球黄金行业中的地位必将得到进一步提升，对人民币国际的硬支撑也必将更加有力。而随着这两年的发展，具备先天优势的黄金产业在响应国家“一带一路”倡议中，先行示范作用也很明显。例如，紫金矿业已在塔吉克斯坦等9个“一带一路”沿线国家布局，境外黄金、铜产品生产量即将超过境内；山东黄金、招金矿业等积极响应“一带一路”倡议，多个项目已蓄势待发。

中国黄金市场日益成熟的三个标志

1. 与国际黄金融合步伐将逐步加快

人民币不再盯住美元，而是将最终走向自由兑换，黄金进出口方面的流动将更加频繁，国内外市场的联动将更大，加之人民币黄金定价盘的推出，将会极大地促进国内黄金市场与国际黄金市场的逐步接轨。

2. 黄金场外交易市场不断发展壮大

中国黄金市场由场内（上海黄金交易所）和场外两个部分组成。这几年来中国黄金场外市场交易持续升温甚至一度达到火爆程度。比如，黄金现货场外市场与黄金企业相衔接，是带有零售性质的辅助市场，各大金商推出的品牌金条非常热销，部分商业银行也着手打造品牌金条。

从国际黄金市场的发展轨迹来看，中国黄金场外交易市场的发展是必然趋势。在国际黄金交易中，场外市场的交易量占整个黄金市场交易量近 90%。比如，伦敦黄金市场，没有固定交易场所，交易方式是通过五大金商及客户网络来实现；苏黎世黄金市场也没有正式组织结构，主要是瑞士三大银行为客户代为买卖并负责清算。中国黄金市场未来的发展也会遵循这样的轨迹，大量的交易将会由场外市场完成，黄金市场价格会由有实力的做市商引领。

3. 金商企业的品牌效应日益突出

中国黄金投资市场的发展相对来说还处于初期阶段，更多的市场影响来自国家政策的宏观调控以及黄金产品的价格波动。但是我国正在逐步开放国内的黄金市场，不断发挥市场这只看不见的手的作用，在黄金投资领域已有竞争。在不断升温的黄金投资市场竞争中，金商的影响力会逐步增强，不管是传统黄金企业还是互联网企业，其品牌效应也将在产品走向同质化期间发挥更大的投资驱动力，未来中国的黄金投资市场必然形成多品牌竞争的格局。

虽然当前经济形势衰退、金融市场动荡、黄金价格大起大落，但是中国黄金市场的发展依然步入了快车道，不但吸引着大量的境内机构和个人，开放的国门，也让国际性的大银行和大金商一同参与，从而使得与国际其他黄金市场逐步接轨，整个市场环境也将更加公正、透明。我们相信，中国黄金市场未来必然会逐步成为占据主导地位的国际黄金市场。

黄金笔记

随着中国黄金市场的发展，人们能更好地在家门口买黄金了，这无论对谁来说都是一件非常值得高兴的事。但是不少人可能对中国黄金市场不是很有信心，希望这一章的分析，能给你在家门口买黄金吃一颗定心丸。

那么，你会考虑国内的市场吗？

你认为目前国内市场有哪些优势和不足？

对于国内市场，目前你还有着什么样的顾虑？

CHAPTER 9 | 第九章

金属灵魂和不褪色的财富

有人说，交易要具备四大要素才能成功：知识、控制得当的勇气、金钱以及将这三者妥善结合在一起的精力。而这不仅是对我们个人能力的考验，更是对我们人生的考验，它是一种哲学，指引我们追问本质、不断反思、做出选择，进而不断地发展和完善着我们自身。

GOLD KNOWS THE ANSWERS

01

“无息”，然后生生不息

求木之长者，必固其根本；欲流之远者，必浚其泉源。

——唐·魏徵《谏太宗十思疏》

如果你有10万元资产，你可能会原封不动地存进银行；

如果你有100万元资产，你可能会考虑投资一些公司或项目；

如果你有1000万元资产，你可能会开始考虑资产的保值、增值；

如果你有上亿元资产呢？相信这时资产安全是你必然会考虑到的问题。

其实，不管是10万元还是上亿元，每个人都会非常珍惜自己的财富，也都希望自己的财富能够创造更多的财富，并且足够安全。

但是，不管如何我们要明白：不开源，不成江河；欲开源，必先固本，这才是真正的投资理财。

黄金是很好的资产配置工具

有数据显示，在中国高净值家庭的可投资资产已达到58.88万亿元。很多投资者也认识到过度持有信用资产和现金资产，在经济增速下滑和利率持续走低的当下，实际上是一个非常糟糕的策略，很多人也开始着手分散自己的投资资产。

而当下的投资现状是：回报率低于3%的债券及货币市场工具占整个理财市场的份额高达51%，另外现金和银行存款、非标准化债券类资产、权益类投资占了46%，其他资产仅占3%，且在这3%当中，包括金融衍生品、公募基金、商品类资产等。也就是说，非信用类资产占中国理财产品市场的份额可能还不到0.5%。

比如，黄金投资在这样庞大的市场中就面临着非常尴尬的局面，一方面国内黄金市场快速发展，另一方面高净值人群的理财观念却未跟得上时代的变迁，很多投资者依然将购买黄金简单地作为一种消费，还有一部分人作为追逐金价波动的获利工具。他们没有意识到黄金更应该是资产的一部分，它是非常好的资产配置工具，是最佳的资产防御品，防御纸币稀释，防御风险。

为什么这么说？

资产配置的核心是分散不同资产配比，降低投资持有单一资产的风险，也就是不把鸡蛋放在同一个篮子中。其中可供选择的资产方式很多，比如股票、存款、现金等，但是唯独黄金，伴随着人类几千年的文明历程，久经考验，且曾是货币，其交易、流通虽然以纸币定价，但基本没有现金流入，几乎很纯粹（尽管黄金 ETF 可以通过租赁得到一定的现金流入）。简单理解，除了黄金，其他类型的资产几乎都与现金有关，未来的现金会被法币发行稀释，当前的钱和未来的钱是不同的，但是黄金是永恒的，且随着黄金投资产品的创新，不仅可选择的投资渠道和产品增多，获益方式也在改变。

以黄金 ETF 为例，它是 2013 年国内上市的黄金品种，其特点是紧密跟踪纯度高达 99.99% 的黄金价格。自成立以来，其走势与现货黄金几乎没有偏离，而且与其他黄金投资渠道相比有着三大优势：一是 T+0 交易制度、保证金交易等交易优势；二是有实物支撑，通过基金管理人的管理，黄金 ETF 使得黄金有了增值收益，主要收益来源为黄金租赁，让黄金有了生息的可能；三是它与股票的相关性不显著，也可以适当对冲股市中的部分风险。

那么在资产配置中，配置多少黄金资产比较合适呢？

黄金资产在总资产中的合理占比

可投资金额	黄金资产占比	品种选择
10万～50万元	30%	纸黄金、黄金ETF、互联网黄金
50万～100万元	20%	积存金[①]、实物金、黄金ETF、互联网黄金
100万～1000万元	15%	实物金、黄金ETF、黄金期货
1000万元以上	10%	实物金、黄金股票、黄金期货、黄金期权

大家会发现以上的资产分配有个特点：可投资金额越少的投资者，需要配置黄金的比例反而更大。为什么会如此设计？

10 万元是一个“起始线”。根据《中国家庭财富调查报告(2017)》，2016 年中国家庭人均财富 16.9 万元，如果按照可投资金 10 万元算，30% 的配置相当于拿 3 万元买黄金资产，而这 3 万元对很多人来说不过是一年的可支配收入，占整个家庭人均财富比还不到 20%，对任何投资者来说是没有压力的。同时处于 10 万～50 万元资产的人群，相对来说风险承受能力比较弱，且流动性需求比较大，在黄金投资方面的主要目的更大程度上是替代储

①积存金：“工银金行家积存金二号”，是中国工商银行与世界黄金协会联合推出的“智能型”黄金投资产品。它是全国首款以“日均价格灵活积蓄”的权益凭证式低风险黄金投资产品，主要面向广大个人投资者。

蓄，并且需要能够随时变现，因此推荐纸黄金、互联网黄金等容易变现且风险较低的黄金投资品种。

随着可投资金额的增加，配置黄金比例要下调，因为黄金虽然有保值作用，但是更多时候不生息，很难创造风险性收益。而这一类黄金投资者往往是高净值者或创业者，更倾向于用自己的财富创造更多的财富，注重财富的增值效应，对黄金投资的流动性要求不高，对黄金投资的需求更大程度上是保证资产安全，也就是为了“避险”，因此推荐实物金这样非常稳健的投资产品。当然，适当地参与到黄金博弈类风险品种也是一个不错的选择，比如黄金股票、黄金期货、黄金期权等。黄金是一只永不退市的“股票”，且几乎没有系统性风险，也具有一定的增值效应。

目前在金融市场大多数人看来，在资产配置比例中，让黄金资产占比最少为 15% 左右还是非常有必要且合理的，拥有这 15% 未来在应对各种风险上，会让我们无后顾之忧的。另外，按照这个比例计算，目前全球投资者资产中黄金的配置比例还是很低的，而且随着互联网时代的演进，“知本家”这种新兴阶层的壮大，未来对黄金资产配置的需求会越来越大。

02

来自“知本家”的财富新模式

> 富足人的财物是他的坚城，在他心想，犹如高墙。
>
> ——《圣经·箴言》

2000 年，曾有一本书提到了一个词——知本家，从而引来人们的普遍关注。这个词是从中关村的创业者中引发出来的新名词，它传达出一个令人激动的消息：新兴阶层崛起并已经登上了历史舞台。

时至今日，知本家们创造财富、尊重财富、享受财富，是时代的潮流，是当今财富的潮流，也是如今时髦、风光和令人向往的群体之一。而其身上的财富观值得我们每一个投资人学习。

知识经济诞生知本家

知识在人类历史上曾是少数统治阶级掌握的一种特权，比如封建社会中的封建主就充当这样一个角色，那时的科举制度便是最明显体现当时“知识经济”的标志物（当然严格意义上来说还不能称为知本经济），读书人依靠科举这一通道实现自己的人生、财富梦想。随着人类社会的不断发展，人类拥有了高度的文明，而代表文明程度的“知识经济”也历经了漫长的变化、变迁和社会形态的转化，在 20 世纪末期随着互联网时代的到来开始迅速崛起，人类将在 21 世纪下半叶全面进入知识经济时代。

确实，与人类社会以往的任何一个时代相比，今天社会的经济增长更直接依赖于知识和信息的生产、传播和使用，它是区别于以前的以传统工业为产业支柱、以稀缺自然资源为主要依托的新型经济，按照世界经合组织的说法，知识经济就是以现代科学技术为核心的，建立在知识和信息的生产、存储、使用和消费之上的经济。

经济形态的变革必然引发社会阶层的变革，就像工业时代有资本家一样，知识经济时代有知本家，即拥有高新知识创造财富的成功人士。且这一群体正在逐渐崛起成为当今最时髦、最风光和最令人向往的群体之一。

需要注意的是，知本家不等同于知识分子，这里的“知本”既指资本，也指根本、基本，知本家的范畴远比知识分子的范畴更为广泛，既包括企业家，也包括思想家。“知本家”概念提出的意义在于把知识经济的核心概括出来了，知识不再是一般的资源、手段，而是内核。

知本家“财富画像”

也许没有一个标准的画像可以为知本家这个新兴阶层所通用，但是，他们依然具备一些相同的特质：他们大都集中于非公有制领域，相当一部分人具有很强的知识储备或突出技能，熟悉市场运作，善于捕捉市场风口，具有较高的生活品位和生活质量，具备一定的人生和境界高度，善于积累财富、管理财富。

是的，他们依靠自己掌握的丰富的知识和创造力创造财富，他们也非常善于打理自己的财富，并不会让自己的钱白白地躺着浪费掉。在“互联网 +”时代，他们会利用“时间 + 复利”的方法让自己的钱滚起来。

互联网的发展正在逐渐形成“数据链—产业链—资金链—生产链—物流链—消费链”的互动生态圈，且环环相扣，达成了“交易—消费—流通—造血—粉丝—循环”的交易闭环。互联网真正的大时代是“虚拟 + 实体 + 粉丝经济 + 共享经济”的全球资源整合的大商务。

在洞察了这样的大商务环境后，他们会依靠这种趋势创造财富，站上人生巅峰，也会依靠这样的趋势投入更多的时间对金融市场进行“略通”，也更会偏向选择稳健的投资方式让自己的财富保值、增值。

当今黄金市场的发展也正经历着互联网大时代的变革，不管是传统市场还是互联网市场，乃至将来的共享市场，都在逐步实现着黄金产业链的链接和交易、流通等环节的闭环建设。站在经济发展前沿的知本家定然会很快地把握这样的机遇。其实，这也很好理解，任何一个人拥有足够的财富时，谁也不愿意让自己的财富缩水乃至流失。

互联网和国内经济的发展，会让越来越多的人步入知本家行列，我们不仅要学习他们的创富模式，也要学习他们的财富观念，让自己的财富安全、有意义。

03

人生和黄金一样尊贵

企者不立，跨者不行；自见者不明，自是者不彰；自伐者无功，自矜者不长。

——《道德经·第二十四章》

巴菲特的孩子学了音乐，索罗斯的孩子攻读了历史……

也许企业家的继承可以持续好几代，但是投资本身是一项非常需要自我成长的能力，很难继承。当然，你可以通过学习，精通投资技巧，但是“大师风范”才是投资界真正的精髓所在。

真正拥有投资大师潜力的人，其实关注投资本身，可能要比玩更有意思，他们更是能在投资中活出一种人生境界。

因此，我们要学习的不仅仅是投资技巧，更是一种生活态度，让自己的人生如黄金一样拥有永恒的品质。

财富的“身世”

“财”字从“贝”，“贝”是人类社会钱的原始形态。因此财富首先着眼的是“金钱”的积累，而这个“金钱”并不是今天我们所理解的纸币，在人类文明历史初期它的主要形态还是实物。随着人类生产力的发展，到了货币高度发达的时代，货币关系成为重要的社会关系之后，我们才将财富与金钱真正地画上等号，继而财富的积累带来了资本的膨胀，直接推动了整个人类社会的变革。

进入工业社会，我们对财富的理解发生了变化，意识到财富的积累如果只是积累金钱，不过是积累了“一堆数字”。比如，你拥有100万元，这100万元你拿在手里是货币，但是当你存入银行的那一刻，它就是银行账户上的一串数字，银行不过是你的“债务人”，你的手中依旧是“空”的。更多的人也不再抱着“一堆数字”不放，无数的投资人和金融家也告诉我们：财富是可以更加“实实在在”的，是可以增值保值的。黄金、不动产、股票、期货、商标，甚至声誉、经济学家强调的各种“机会成本”，都可以成为我们财富的一部分。

同时，随着中国经济社会的发展，人们的财富观已经发生了变化：仇富不仅不能创造和积累财富，一定程度上更是一种病态的社会现象，只有爱慕财富、尊重财富，努力创造和积累财富，并不炫富、不崇富、不为富不仁，才是正常和健康的社会应有的姿态。任何个人凭自己的劳动、才智和能力，正当地获得财富、理性地使用财富，是值得尊重和鼓励的，这样的人生也是有意义的。

当时代让追求财富变得无可厚非时，黄金投资市场的打磨更可以让你的人生变得更加圆满。

黄金投资中的人生智慧

金融投资是一场技术、心态的博弈过程，它能够带给你三大人生智慧——信用、眼界和境界。

1. 信用

黄金投资市场特别是一些国外发达的黄金市场，靠的是信用来维持，这里既有做市商的信用，更有投资者的信用，信用得以让黄金投资市场有序、良性发展。在这种市场氛围的带动下，任何一个投资者都会不自觉地沾染上“信用”的风气。

能取得别人的信任，是一种价值观，是一种强大的说服力，当你具备这种能力时，你的人生往往会无往不胜。

2. 眼界

黄金投资和创业不同，靠激情靠情怀很难获得回报，并且越激情可能越容易失败。更多的时候，你必须像一个科学家那样，非常专注地进行观测、推演、求证，而这个过程需要你的认识水平始终走在社会的前沿，洞察各种政治、经济现象背后的本质，对你的认识水平和眼界都有着极大的提升。

当认知和眼界得到提升时，你便会比入世的行家更懂得人情世故和社会走向，对财富及人生更加有掌控力。

3. 境界

人的能力和责任是相匹配的，当你的财富通过黄金市场，以整个社会的形态存在的时候，你所关注的不仅仅是收益，社会的良性循环对你来说会变得越来越重要，进而达到很多大佬的境界高度。

就像比尔·盖茨、巴菲特以及很多成功的企业家那样，他们做慈善、做公益，其实他们并不需要通过这种方式来获得更大的声誉（他们并不缺声誉），他们认为只有让社会变得更公平、公正、稳定（而这也正是黄金市场所倡导和追求的），他们的财富才更有意义。

财富本就是我们人生的一大财富，善于利用财富更是人生中的一种大能力、大智慧。

希望你的人生能如黄金一样坚挺、迷人。

黄金笔记

投资是人心的函数，时间是横轴，收益是纵轴，并由我们的知识、信息、理财产品等构成各个象限，但整个投资函数流淌的是我们的投资哲学。也许我们很难拥有投资大师那种由个性、能力、知识等诸多因素综合而得的投资哲学，但不论怎样我们都会有自己的体会和感悟，也只有我们付出了自己的时间和心血，才能慢慢地发展自己的投资哲学，坚守正确的投资理念。

那么，到今天为止，你最大的投资感悟是什么？

你的投资理念是怎样产生的？

它们是你独有的吗？

在这些理念和哲学的引导下，你将如何控制资产的规模？

附录：十波真言

没有奇迹，只有你努力的轨迹；没有运气，只有你坚持的勇气。每一份坚持都是成功的累积，只要相信自己，总会遇到惊喜！

——中泰建筑机械设备有限公司董事长　唐忠根

根据历史经验，大萧条和危机期间，黄金作为全球避险工具，往往逆势上涨。

——知名投资专家　连峰

多读书，读好书，就会少年得智；多赚钱，赚大钱，就会中年得治；多助人，助善人，就会老年得志。在《财富第十波》里可以找到正确对待财富的态度，并且能获得幸福人生。

——天使投资人、万斗金科集团全球战略发展顾问、梁青高端形象造型会所创始人、中科国荣股权投资公司董事长　王泽宇

做好自己，创造合作，传递温暖！

——著名连锁餐饮品牌夏味馆、夏面馆创始人　夏东辉

在茶的世界里，没有陌生人，只有尚未认识的朋友。

——Yoshantea 游山茶访董事长　陈重嘉

真正的教导是把心灯点亮，而不是把篮子装满。

——景德镇真如堂董事长　陈倩君

人的一生，就是股市，就是金融，就是区块链！好好学习，努力与社会合拍，与时代同步！

——知名天使投资人　邢建

把握趋势，成就未来！唯有洞见未来，才能把握未来！

——轩辕国际产业集团董事长　姬剑晶

用我们的专业在全世界寻找性价比高的产品，努力让更多人尽享天然、健康、安全。

——卡门大酒庄创始人　武九成

数字经济的新时代，泡沫是价值的另一种说法。

——链派社区发起人、"斗爷"　王振锡

科技的变革带来了财富再分配，这一次将重新分配整个旧金融体系！区块链将颠覆这个世界！

——中聚区块链商学院董事长、"卧龙"　孔灵

区块链的价值一定在应用，老百姓的需求一定在生活，数字经济服务实体经济，方是世界、社会、国家、人民之福之幸。

——全球数字经济俱乐部总顾问、"种树人"　张新无

与时事同感，与时代同频，与时光同进，与时空同维。见天地，见众生，见自己！

——世界区块链之都、5·18世界区块链日发起人、亚太区块链理事会核心发起人、UFO区块链研究中心负责人兼酋长　韩枫

走向全中国，创造世界奇迹！

——苏州益友园林建设发展有限公司董事长　蒋建华

生命不息，奋斗不止！拥有热情，人生才有无限可能！

——江西大地集团执行总裁　何涛

知未明，观未见！

——著名金融理财师　黄坚

共享平台，分享经济，实现全民经济加速度。

——大连乾元科技文化交易中心董事长　董衍军

世界会给那些有目标和远见的人让路！

——马来西亚拿都斯里、天使投资人、万斗金科集团董事局主席、畅销书《未来货币》作者　王晖博士（Dr. Demian）

老一套的公司资本在逐渐衰落；通证经济、区块链正在快速崛起。

——阿里加集团董事会主席　朱鹏翰

宇宙的精华是生命，生命的精华是灵魂，灵魂的精华是修行！从容稳健，遇事不急不躁，处变不乱，宠辱不惊，宁静致远，慈悲宽容，就是修行的智慧。

——“轮椅女神”、80 后演说家、倾国倾城文化传媒有限公司董事长　梁青

通证通天下，共享赢未来。让共享造福天下！

——WCAC 区块链通证经济导师、众筹实战系统创始人　翁祖福

移动影像博物馆资产管理是未来人类文化价值传承的新形态。

——深圳桥王网络科技有限公司 CEO　叶峥嵘

做事先做人。

——天使投资人　李菊梅

广结善缘，德行天下。

——天使投资人　蒋丽华

做最好的自己！

——职业经理人、天使投资人　高铭泽

每一个成功者都有一个开始，而且勇于开始。

——天使投资人　高淑萍

厚德载物，至诚致远。

——天使投资人　曹觉之

成功永远属于马上行动的人。

——天使投资人　朱维红

人生只有走出来的美丽，没有等出来的辉煌。

——天使投资人　蒙英华

学会放下，一切随缘。

——天使投资人　王莉

成就一切，源于自己！

——天使投资人　郑彤

做正直的人，做正确的事。

——天使投资人　周时节

善行天下，大爱无疆。

——国家注册风险管理师、注册税务师、天使投资人　向华

富翁都是顺势而为，这就是所谓的时势造英雄！

——天使投资人　任勇

过随遇而安的生活，享随心所欲的人生。

——天使投资人　宋亚璇

贫穷其实并不可怕，可怕的是贫穷的思维。

——天使投资人　鲜易彤

做一个有需要的人！

——天使投资人　彭月

越努力越幸运，坚持成就完美。

——天使投资人　刘桃

得之坦然，失之淡然，争其必然，顺其自然。

——知名投资人　刘书含

看懂趋势，选择永远大于努力！

——天使投资人　严玲

做好自己，心存善念，一切都会好起来！坚持才能成就完美。

——天使投资人　颜丽

做最好的自己，爱我所拥有的一切。

——天使投资人　商洁

与时俱进，厚德载物，坚持自己的梦想。

——天使投资人　罗永贤

简单的事，重复做、认真做、精细做。

——天使投资人　刘建新

一切都是最好的安排，感恩生命中所遇到的一切。

——天使投资人　荣榆惠

思维升级，认知未来，未来已来，把握趋势。

——天使投资人　唐嘉怿

如果你等待完美的条件，你将永远做不到任何事情！

——天使投资人　Melissa Yang

人生重要的不是所站的位置，而是所朝的方向。

——天使投资人　杨怡凡

善良会让你成为一个富足的人，而财富自由能为善良保驾护航。

——天使投资人　斐然

富翁都是趋势的产物，好心态成就了自己。

——天使投资人　胡春梅

爱是修行的果实！若爱是心灵层面的能量，那便是无限的，可以超越时空，超越生死的存在。

——天使投资人　杨悦

今天你所做的一切，将决定明天的你！永不放弃并活出精彩的每一天。

——天使投资人　颜慧萍（Alice Ngan）

成功的关键在于相信自己有成功的能力。

——天使投资人　赖芬芬（Surin Lua）

狭路相逢勇者胜，勇者相逢智者胜，智者相逢快者胜，快者相逢信者胜。

——天使投资人　贺轩（Lucy）

面朝大海，春暖花开，抓住趋势，做好服务！

——天使投资人　荣春玲

没有太晚的开始，不如就从今天开始行动。总有一天，那个一点一点可见的未来，会在你心里，也会在你的脚下慢慢清晰。生活，从不亏待每一个努力向上的人。

——天使投资人　杜祥和（Herman Toh）

我们无法知道未来的终点在哪里，但我们可以知道通往未来的起点，就在这本书里。

——天使投资人　谢佳霖（Eileen Xie）

为人生做选择，为选择负责任！

——天使投资人　张长玉

付出了不一定有回报，但不付出永远没有回报！

——天使投资人　周聪

选择比努力更重要，站在风口上，猪都能飞起来。

——天使投资人　洪健栓（Sam）

人生千万不要为了花钱而耽误了赚钱的路，选择必须负责任！

——天使投资人　王明宗

态度决定高度，思路决定出路，格局决定结局。

——天使投资人　赖国辉（Jeffery Lua）

世界上对勇气的最大考验是忍受失败而不丧失信心。

——天使投资人　谭玉儿（Bebe Tam）

与时俱进，超越自我，坚持到底。

——天使投资人　闫智

感恩什么就会得到什么，感恩越多，得到越多！

——天使投资人　颜贵富（Steven Ngan Kwai Foo）

拥千金者值千金，应饿死者必饿死，所以必须要提高自我价值，自我价值提高后，人应得的不管质和量都会提高。

——天使投资人　彭取蓉

每一次趋势的革命，就是财富再分配，与时俱进！

——天使投资人　施俊杰

当你失败了，就把它作为人生财富；成功了，就是财富人生。

——天使投资人　李淑梅

只有不断学习，才能感悟人生！

——天使投资人　张奇

历史的车轮在滚滚向前，跳上战车一起前进吧。

——天使投资人　吴小哲

如果老天关了你一扇门，他必定会为你打开一扇窗，机会无处不在，只看你有没有敏锐的发现！

——天使投资人　何森

不为过去的失败而消极，只为人生不留遗憾而奋斗。

——天使投资人　莫小琴

伟大的思想能变成巨大的财富。

——天使投资人　江莉

人生是一次旅程，选择大于努力；君子择善而从，至则无涯。

——天使投资人　朱国萍

区块链是二十一世纪的房地产，买币就是买房。

——天使投资人　余敏

自成一格的信念与坚持，相信自己的眼光和决策，志在平静而沉稳地做好自己。

——天使投资人　陈丽璇

立正言行，德以配位。

——天使投资人　李淑铃

问题本身不是问题，如何应对才是问题。

——天使投资人　张仕文

过去是过去的，你怎么能等待未来，关键是跟随发展的趋势，你必须相信这是趋势。

——天使投资人　常达飞

在区块链的世界里，一切都将被颠覆，它已经发生了，只是大多数人都在观望着，因为人们总是对未知的世界既充满希望，又心怀恐惧。

——北京迅鹰文化传媒有限公司董事长　莫庸

区块链技术有望带领人类从信息互联网过渡到价值互联网的伟大时代。

——杭州芮仟贸易有限公司副总裁　蒋聪聪

每个人都应该把自己当作品牌来经营，你的每一次亮相、说过的每一句话、做过的每一件事，上面都标着你自己的LOGO！十年之后，你究竟是爱马仕，还是路边摊，都是自己造就的！

——资本奇迹同学会执行会长、“好一朵茉莉花”品牌创始人、丝路国民品牌有限公司执行董事　周洪磊

发上等愿，结中等缘，享下等福；择高处立，寻平处住，向宽处行。

——荷瑞资本控股集团 CEO　翁书法

物质和精神财富撑起人类的明天！

——资本奇迹同学会副会长、圣宫影业董事长　冯伟

我们有生之年能碰到两次大的技术浪潮，一次是互联网，一次是区块链。看过去五十年所有的新技术，显然区块链技术是离钱最近的。

——知名天使投资人　李沁霏

这次区块链革命，无数公司和家庭将被迫卷进人类历史上最大的数字化迁徙和家庭财富重新配置的浪潮。有人看到，有人怀疑，一切源于认知不同。

——知名天使投资人　阙蓉兰

倾听就是爱，了解中有医治！

——知名天使投资人　东方黑马

今天的优势会被明天的趋势代替，把握趋势，把握未来！

——天使投资人　江明星

学习可以提高人的格局，塑造良好心态。

——天使投资人　黄扬飞

若要如何，全凭自己！

——天使投资人　陈安平

侧耳听智慧，专心求聪明。

——天使投资人　陈璐华

用阳光乐观的心态去面对生活和工作，它们一样也会回报给你阳光。

——天使投资人　树叶子

感恩、务实、执着。

——天使投资人　周新来

低调做人，高调做事；严于律己，宽以待人。

——天使投资人　陈冬枝

人做不好，成功都是暂时的；人做好了，不成功也是暂时的。

——天使投资人　臧云

使生如夏花之绚烂，死如秋叶之静美，人活着就应该热情奔放，珍惜感恩生命，勇于接受变革！

——杭州芮仟贸易副总经理　赵飞飞

创造财富需要激情，运用财富更要理性，激情和理性的平衡，才是最重要的财富。

——天使投资人　Carrie Li

当新兴技术来临时，区块链正以神一般的速度改变着社会，就如明天必定会来临一样不可避免。

——杭州芮仟贸易有限公司总经理　刘中玲

正心、正念、正行、正果。

——天使投资人　李易真

金鳞岂非池中物，一遇风云便化龙。

——Vaikuntha Technology LLC 创办人 & CEO　李敏渲（Angel Lee）

真正的财富是一种思维方式，而不是银行卡里的数字。

——金波罗控股集团总经理　胡诘豪（Terry Hu）

世上只有一种真正的英雄主义，那就是认清生活的真相后依然热爱生活。

——香港 CC 资本 合伙人、EHE 易赫国际交易平台董事、中科院 - 易赫区块链研究中心业务部负责人　徐静薇（Jessica J.）

开创数字资产新生态！

——金钱怪兽创始人　陈嘉

做好自己，拥抱区块链和加密数字黄金资产，相信美好！

——天使投资人　异特龙

有格局的人往往认为自己很无知，因为认识到了广袤的未知世界；无格局的人往往认为别人很无知，因为眼中永远是自己的世界。

——知名天使投资人　军戎阿巴

人生获取大的财富靠做对事、跟对人、选对时。炼一双慧眼，找一座雾霾下的金山并乐于分享，成人达己，人生将从此变得不平凡！

——深圳前海大宇资本管理有限公司合伙人　廖义雄

只有以诚待人，才能换来别人的真心回报，真诚既是对别人的尊重，也是对自己的负责！

——天使投资人　严美琴

生命中的任何好运，都是上帝给你的礼物，是你以赤子之真善待了这个世界，是你以仁爱之心温暖了他人！

——天使投资人　闵玲芳

层次越高的人，越懂得尊重别人，越懂得尊重中包含的平等、价值、人格和修养的意义。

——天使投资人　焦姝涵

初级的快乐是肉体的快乐，中级的快乐是精神的快乐，高级的快乐是灵魂的快乐。是付出、奉献、服务，让他人因为你的存在而幸福！

——知名企业教练、天使投资人　施晓励

心中无浊世间净，心中宁静自然美，心中和谐天地宽，道是无情却有情！

——茜蒙印象品牌总监　李晴

珍惜才会拥有，感恩才会天长地久！

——知名天使投资人　花木兰

链商的最高境界：链人 + 链心 + 链智 + 链爱。

——链商大系统创始人、津融链咖董事长　王大山对不起，请原谅，谢谢你，我爱你！

——IFTA 国际金融科技商学院院长　黄劲发

努力和上进，不是为了做给别人看，是为了不辜负自己，不辜负此生。

——IFTA 国际金融科技商学院副院长　何桂萱

区块链技术只有真正的产业场景落地，才能彰显其内在的价值。

——电云新能源科技有限公司“小瓶你好”创始人、CEO　刘向阳

在人生中，我们都是有选择权的，选择更健康，选择更快乐，选择更富有。

——国际知名教练　黄锦生

做人处事，用心就会有力量。当我们用心时，全世界会为我们让路！因为用心者天下无敌！

——六鼎轩餐饮集团总裁　白致豪（Vince PEH）

不是觉，就成迷。觉性升起，迷就消散。

——生命王道禅修系统创始人　博雄梵歌

人生就是不断学习和超越极限的过程！珍爱和体验生命的意义！创造价值！

——天使投资人　赵彩霞

上天所赐的福，会使人富足，而非忧虑。借着《财富第十波》，让我们以真理保守我们的心，有智慧地认识将要到来的市场，让我们成为先知先觉者。

——企业生命教练　涂金生

成事在天，谋事在人！不忘善心，方得始终！

——天使投资人　赵春霞

财富，从第一波到第十波，无数人都在追逐，并且想拥有。但真正能拥有并且能享用的都是厚德之人。德行好，心也善，财富自然有！

——深圳中诺时代科技有限公司总经理　纪天磊

珍惜、善待所有有缘人，努力做好能做的，让一切成为最好的安排。

——天使投资人　Bonnie

特别鸣谢

王泽宇

王晖

梁青

博雄梵歌

免责声明

凡书中涉及的案例以及投资的标的物，只作为我们研究并发现问题的依据，如果据此投资而造成损失，风险自负。